儿童教育中的
教育家及其理论译丛

INTRODUCING
BRUNER

A GUIDE FOR PRACTITIONERS AND
STUDENTS IN EARLY YEARS EDUCATION

布鲁纳 导论

给早期儿童教育工作者和学习者的指南

[英] 桑德拉·斯米特 著

SANDRA SMIDT

张永英 主译

南京师范大学出版社
NANJING NORMAL UNIVERSITY PRESS

图书在版编目(CIP)数据

布鲁纳导论：给早期儿童教育工作者和学习者的指南 /（英）桑德拉·斯米特著；张永英主译. -- 南京：南京师范大学出版社，2020.7

（儿童教育中的教育家及其理论译丛）

ISBN 978-7-5651-0258-5

Ⅰ.①布… Ⅱ.①桑… ②张… Ⅲ.①儿童教育－早期教育－研究 Ⅳ.①G61

中国版本图书馆CIP数据核字(2019)第200223号

Introducing Bruner: A Guide for Practitioners and Students in Early Years Education / by Sandra Smidt / 978-0-415-57421-1
Copyright © 2011 by Routledge
Authorised translation from the English language edition published by Routledge, a member of the Taylor & Francis Group LLC
All Rights Reserved.
本书原版由 Taylor & Francis 出版集团旗下的 Routledge 出版公司出版，并经其授权翻译出版。版权所有，侵权必究。
Nanjing Normal University Press is authorised to publish and distribute exclusively the Chinese (Simplified Characters) language edition. This edition is authorised for sale throughout Mainland of China. No part of the publication may be reproduced or distributed by any means, or stored in a database or retrieval system, without the prior written permission of the publisher.
本书中文简体翻译版权由南京师范大学出版社独家出版并在中国大陆地区销售。未经出版者书面许可，不得以任何方式复制或发行本书的任何部分。
Copies of this book sold without a Taylor & Francis sticker on the cover are unauthorised and illegal.
本书封面贴有 Taylor & Francis 公司防伪标签，无标签者不得销售。
著作权登记号：图字10-2019-473

书　　名	布鲁纳导论：给早期儿童教育工作者和学习者的指南
丛 书 名	儿童教育中的教育家及其理论译丛
作　　者	[英]桑德拉·斯米特
译　　者	张永英
丛书策划	万　斌　张泽芳
责任编辑	於　迪
出版发行	南京师范大学出版社
地　　址	江苏省南京市玄武区后宰门西村9号（邮编：210016）
电　　话	(025)83598919（总编办）　83598412 83598312（营销部）
网　　址	http://press.njnup.edu.cn
电子信箱	nspzbb@njnu.edu.cn
照　　排	南京凯建图文制作有限公司
印　　刷	江苏凤凰扬州鑫华印刷有限公司
开　　本	710毫米×1000毫米　1/16
印　　张	10.5
字　　数	140千
版　　次	2020年7月第1版　2020年7月第1次印刷
书　　号	ISBN 978-7-5651-0258-5
定　　价	45.00元
出 版 人	张志刚

南京师大版图书若有印装问题请与销售商调换
版权所有　侵犯必究

内容介绍

杰罗姆·布鲁纳（Jerome Bruner）是教育领域的重要人物，他的著作产生的影响持续近一个世纪。本书作者桑德拉·斯米特（Sandra Smidt）将带领读者领略布鲁纳理论的关键概念。作者运用日常浅近的语言拆解了布鲁纳在儿童早期学与教的问题上广泛及有创新性的原理，也揭示了他与20世纪及21世纪该领域中重要人物的思想联系。

《布鲁纳导论》是《维果茨基导论》的对比卷。关于布鲁纳关键概念的介绍是衔接在对教与学的启示的讨论之后的。本书中所讨论的概念是从早期教育机构的真实事例中抽取出来的，如下所列：

- 儿童如何习得语言；
- 儿童如何通过叙事来理解他们的世界；
- 通过游戏来学习的重要性；
- 文化和情境的重要性；
- 记忆的作用；
- 应该教儿童什么：螺旋式的课程；

- 应该怎么教儿童：支架和互动。

本书也为从事儿童早期教育的工作者提供了学习布鲁纳不可或缺的术语表。布鲁纳，这位早期教育的重要人物，呈现于他生活及作品中的出色洞见，对任何一位关心早期儿童学习和发展的人士而言，都是开卷有益的。

桑德拉·斯米特是一名早期教育的顾问及作者。她近期的著作有：《通过游戏来学习》（*Playing to Learn*）(2010)；《早期教育基础阶段的计划》（*Planning for the Early Years Foundation Stage*）(2009)；《早期教育的关键问题》（*Key Issues in Early Years Education*, 2nd edn）（作为编辑）(2009)；《维果茨基导论》（*Introducing Vygotsky*）(2008)；《儿童多种语言学习的早期支持》（*Supporting Multilingual Learners in the Early Years*）(2007)；《早期教育实践指南》（*A Guide to Early Years Practice*, 3rd edn）(2007)。以上均由劳特利奇（Routledge）出版社出版。

本书说明

本书是《维果茨基导论》(Smidt, 2009)的对比卷，为了帮助已经具备一定能力的儿童早期教育工作者理解布鲁纳的思想观点而撰写。布鲁纳一生跨越了几乎整个20世纪以及21世纪的前一个十年，漫漫一生，见证了思想领域研究重心的几多变迁。他的贡献并非仅限于心理学领域，在教育学、人类学、生物学、语言学等其他领域也颇有建树。

在对比卷《维果茨基导论》中，每一章的结尾处列出了术语表。本书的不同之处是将完整的术语表列在了全书的结尾处。读者在阅读本书过程中，若遇到不太熟悉或全新的专业术语，则可查阅术语表。

本书正文部分从介绍布鲁纳生平开始，所涉主题多见于布鲁纳本人撰写的作品中，其中会提及影响布鲁纳思想成长的众多人物中的部分。随后的章节会致力于对上述主题逐一探讨，尤其是展示这些主题如何与儿童以及对他们的关怀和教育相联系。在每章的结尾都有一个段落聚焦于对实践的启示。一如《维果茨基导论》一书，本书每章也以"回顾""展望"结束。如此既可以对上文所述做一简要概括，也可提示下文即将展开的内容。

目录
CONTENTS

内容介绍	1
本书说明	1

第一章
杰罗姆·布鲁纳的早年生活

引言	1
早年	2
青春期	5
成为大学新生	6
前往哈佛	7
战争年代	8
回顾与展望	9

第二章
杰罗姆·布鲁纳的思想历程

引言	11
感知觉和思维的发展	12
意义和文化	14
牛津时代	15

教育学、教育和课程	17
叙事：故事写作	17
回顾与展望	18

第三章
思维和意义

引言	19
双腿站立：成为工具的使用者	19
不同文化、不同工具、不同技能	20
文化传递：装备下一代	23
皮亚杰和维果茨基的影响	27
对实践的启示	32
回顾与展望	33

第四章
聪明的婴儿

引言	35
从新生儿那里可以学到什么	35
剥夺和补偿行为的概念	39
设定期望	42
婴儿作为家庭剧中的主角	45
对实践的启示	47
回顾与展望	51

第五章
从交流到谈话

引言	53
最初的认知天赋	53
学习语言：聪明的婴儿开始说话	57
语言习得支持系统	59

一日常规在婴儿生活中的意义　　62
　　游戏　　64
　　对实践的启示　　66
　　回顾与展望　　67

第六章
学习命名和指代

　　引言　　69
　　了解一种指代理论　　70
　　"指"可作为一种指代的方式　　72
　　操控共同注意　　75
　　语言和能力　　77
　　对实践的启示　　79
　　回顾与展望　　80

第七章
学习请求和提问

　　引言　　81
　　物质请求　　82
　　联合行动:从共同注意到共同意图　　85
　　支持行为的请求　　88
　　家庭和社区的学徒　　90
　　变成提问者　　92
　　对实践的启示　　95
　　回顾与展望　　96

第八章
教育学:教与学

　　引言　　97
　　民间教育学　　98

定义学习　　　　　　　　　　100
　　实践共同体　　　　　　　　　100
　　课程：教什么　　　　　　　　105
　　更多问题　　　　　　　　　　108
　　螺旋式课程　　　　　　　　　110
　　社会教育学　　　　　　　　　112
　　对实践的启示　　　　　　　　113
　　回顾与展望　　　　　　　　　116

第九章
叙事：故事的讲述

　　引言　　　　　　　　　　　　117
　　叙事及其何以可能　　　　　　118
　　叙事的本质及功用　　　　　　118
　　合法故事和人类学叙事：深描的意义　　121
　　来自南非的叙事　　　　　　　124
　　儿童生活中的叙事　　　　　　126
　　建构自我的叙事　　　　　　　129
　　对实践的启示　　　　　　　　133

结　语　　　　　　　　　　　　137
参考文献　　　　　　　　　　　141
术语表　　　　　　　　　　　　144
译者后记　　　　　　　　　　　157

CHAPTER ONE
The early life and times of Jerome Bruner

第一章
杰罗姆·布鲁纳的早年生活

引言

作为开篇的本章我们将一起来了解布鲁纳的生平。我们对他的了解非常多,部分是因为他至今以94岁的高龄依然健在[①],部分则是因为他是个多产的作者,他的作品还包括一部他的自传。他漫长、充实而复杂的一生影响了很多人的思考。他专注于研究知觉、认知及建构主义,以及致力于揭示心理学、思维、学习、语言、文化、文学和课程与人类学之间的联系。尽管他的职业生涯大部分在他的祖国美国度过,但其中令他感到非常快乐的九年时间是在英国度过的,在牛津大学他拥有心理学沃茨教授的头衔,在沃弗森学院他拥有 个职位。就是在那里,布鲁纳对婴儿认知发展的兴趣愈加浓厚,也是在那里,他作为提

---

① 译者注:杰罗姆·布鲁纳于2016年6月5日去世,享年100岁。

升儿童早期教育的斗士而声名鹊起。

早年

杰罗姆·布鲁纳出生于1915年，生长于纽约一个富裕的中产阶级家庭。他的父母，赫尔曼（Herman）和萝丝（Rose），是波兰移民，他们有四个孩子，布鲁纳排行老四。布鲁纳生下来的时候双目失明，在2岁那年做了两次白内障手术才重见光明。他在自传《思想的追寻》（*In Search of Mind*）(Bruner 1983a) 中说生而失明这件事并没有使他受到任何限制，相反他认为这件事在许多方面成就了他。布鲁纳说白内障手术带来的后果是他的外围（神经末梢区域）的视力的缺失，导致他必须把头凑近才能清楚视物。关于此事，他说"这给了我一个高度警觉的形象"（Bruner 1983a：14），他将此与詹姆斯·朗格（James-Lange）关于我们因为哭所以觉得难过的理论联系起来。布鲁纳，之所以更加警觉，是因为他必须将脑袋凑近了去盯住他生活的方方面面。这也让我们初次感受到布鲁纳的幽默。

在布鲁纳重见光明后，他们全家就搬到纽约的远郊法洛克维（Far Rockaway）居住。他们的住所令人感觉舒适，那是一个后院带草地的房子。这是个大家庭，除了布鲁纳的父母，还有叔叔西蒙（Simon）和婶婶莎拉（Sarah）。孩子们，按排行，上有布鲁纳的姐姐敏（Min）、兄长（同父异母）阿道夫（Adolf），还有两个表兄弟，他们都比布鲁纳大10岁或15岁左右。然后是比他长2岁的姐姐爱丽丝（Alice），以及另外两个表兄妹，马文（Marvin）和朱莉娅（Julia）。爱丽丝出生时，布鲁纳的大姐姐敏已经14岁，她的出生被视为"错误"，布鲁纳则戏称自己是"母亲认为两个比一个好养"的"儿童理论"的产物（Bruner 1983a：10）。

这是个很传统的犹太人家庭。作为一个犹太人，布鲁纳说他经常被别人看作"聪明"的,同时这又时不时给他的生活带来一些困扰(Bruner 1983a：7)。他家位于一个混合型的社区内,刚开始一家子会去参加当地比较传统的犹太人集会,后来他父亲退出继而加入一个较为现代的犹太人集会并参加了改革运动。

在布鲁纳的描述中,他的父母都是不会轻易表露情感的人。父亲因生意常常出门在外,因而令布鲁纳觉得较为疏远。对布鲁纳而言,父亲是个颇具冒险性的人物。他是一个具有很强原则性又很善于讲故事的人(随着你的阅读你会清晰地看到这一点)。布鲁纳以下面这个故事作为例证。他说,有一次,父亲差他去买报纸,结果他买回来的是赫斯特的论文期刊。父亲严厉责骂他,说赫斯特是个恶劣的人,无论如何哪怕开战,也要把他的文章去卖掉。对布鲁纳而言,这不是责罚而是一个教训。布鲁纳的父亲是个喜欢阅读、音乐,很健谈的人,政治上有些保守、势利,想往上爬。但他又对可爱的东西有自己的品位。就是这样一个复杂的人,在很多方面,他的小儿子都步他后尘。

他的母亲是个不苟言笑的女性,极少在与孩子们相处时表现出愉快情绪。这是因为她曾经在逃离波兰的犹太人集中居住区时目睹了许多人的房屋被烧、争相逃跑,因此不难理解她为何郁郁寡欢。母亲的这种郁郁寡欢给小杰罗姆的童年留下了深刻印象。这让布鲁纳在很小的时候就意识到在那时作为一个犹太人意味着什么。他说他母亲从未对他提过只字有关她早年在波兰时所遭受的沧桑经历。她从未跟他谈过此事,也很少对她的孩子们表现出喜爱之情。她还从不表扬孩子,布鲁纳认为这是因为他母亲认为表扬孩子会让孩子自满并觉得自己与众不同,她的生活经历告诉她这一点是很危险的。

在布鲁纳大约6岁的时候,他家又搬到了一个新的社区。他开始去上学并开始结交除自己的兄弟姐妹、表兄妹以外的朋友。他可以和朋友们步行去学校。布鲁纳关于他早年所受的教育的看法很有趣，日后成为心理学家、研究员、作家后的工作热情无疑受惠于此。上学对于那时的他而言是无聊乏味及令人困惑的。他总是不能十分清楚被要求做什么，因而尽管他很努力却总是不能做到令人满意。这位影响了几代儿童接受什么教育的人物在他的早年未显示出任何在这方面有好奇心的迹象。他的家人对他在学校的情况很少关心，没有任何早年的学业成绩可以预示他日后的学术生涯。他记得的唯一一次与智力（学业）有关的事是被他自称为"遭遇光年"的经历。他在阅读少儿百科全书《知识之书》（*The Book of Knowledge*）时发现很多星星都距我们有几百万光年之遥——从它们耗尽迄今得经历数百万年才能到达地球。这一发现令11岁的布鲁纳感到震惊，每当他注视夜空时，想到这里就会热泪盈眶。

在布鲁纳早年的学校经历中，有一位令他印象深刻的教师，名叫奥克特（Orcutt）小姐，她告诉他诸如分子运动、布朗运动等很神奇的现象。也是在这一时期，布鲁纳的父亲病倒了。当时还是小孩子的他因父亲常常在家而感到高兴，却不知癌症正在渐渐夺走他父亲的生命。在他父亲生前最后几个月，布鲁纳做了两个噩梦。这也可以视为早年丧父给他造成心理创伤的证据。在第一个噩梦中，年少的布鲁纳梦见世界上所有的人都死去了，只有他幸存并看到新生一代的出现。在梦里他为如何才能将以前所知道的一切教给新一代而感到很为难。或许这可以解释为什么布鲁纳至今还保存着他父亲的那本带封皮的百科全书《知识之书》。在第二个噩梦中，布鲁纳身处不毛之地，且没有任何足迹。他似乎是乘着一辆有轮子的车子，而他的困境是要选择一个方向确定前往何处。这个选择，布鲁纳自己说，"太吓人以致把他从梦中惊醒了"（Bruner 1983a：16）。

在布鲁纳自称童年期快结束的最后一年，他不仅失去了父亲，还遭受了生命中另外两次带有悲剧色彩的重大的离散。先是他姐姐敏出嫁了，后来因为一次剧烈的家庭纷争，导致布鲁纳和他挚爱的表兄妹们失去了联系。在接下来的几个月内，布鲁纳又做了两个令他更为烦扰的梦。前一个梦中，他眼睁睁看着一个装在白色蛋杯中的鸡蛋破裂了，这让他感到非常可怕。在另一个梦中他把他父亲的遗体藏匿了，只有他一个人知道在哪里。

布鲁纳成为心理学家后，他分析道，因为他和他父亲这种矛盾的关系，他加入了一个谴责金钱和利益的青年共产主义组织，布鲁纳称之为不成熟的反法西斯组织，尽管他很现实，从未拒绝过父亲为他留下的信托基金，这是他父亲供他上大学用的。

青春期

在父亲去世后，布鲁纳的生活就开始变得动荡，不停地迁徙。他注意到他母亲似乎是在丧夫后真正开始了自己的生活。她的衣着变得明亮多彩，令人吃惊。但始终不能定居一处，使得布鲁纳四年内上了六所不同的高中。布鲁纳发现住在靠近水的地方乐趣多多。他研究过运河和港口，开始钓鱼，还获得过一艘带船外马达的船。抛开他自己所谓的"令人震惊的中等教育"不谈，其实他的学业成绩还是很好的，并且尝试了很多事情，包括跑步。布鲁纳感到这个阶段是他自我意识变得清晰的阶段，他为自己是犹太人而感到羞耻。他说自己独来独往，从不加入任何一个小团体。他开始广泛阅读小说、游记和诗歌，也开始和女孩子约会。1933年，布鲁纳成为杜克大学的一名新生。那时他17岁，希特勒刚开始掌权，罗斯福也才当选总统。美国进入了大萧条时期。布鲁纳的生活开始发生改变。

布鲁纳在自传中有关向成人过渡的一章中描述了他儿童时代的游戏在

他的成长过程中所扮演的角色。他思考当年轻人或儿童开始在一个小群体中向他人或小群体的重要角色进行模仿时，一个团体的集体公约的独特性和深度是如何通过交往逐步形成的。这里有必要引用布鲁纳的一段话：

> 我猜测童年游戏的独特价值之一是游戏者不管在玩什么，都不必拘泥于条条款款，这给了游戏者一种缓冲，同时也为他们提供了探究各种可能性的机会。事实上，许多不同的社会对童年的游戏都是非常宽容的，随后当儿童成长为成年人时，哪些游戏可以保留会有严格的限制，严格的成人仪式是儿童进入成人阶段的标记。
>
> （Bruner 1983a：20）

布鲁纳觉得他的家庭很少有让他产生要对任何事物做出深刻承诺的需要。当他告别童年时代时，觉得自己进入了一个并不理解的世界。父亲去世了，家庭离散了，学业被中断，进入大学才让他在告别童年后又重新获得家的感觉。在这个"家"里，他开始感受深刻，开始投身到政治、智力及学术的追求中去。

成为大学新生

布鲁纳在杜克大学刚入学的几个月就是社交、加入"部落"，他称之为"进入成人社会前厅的捷径"（1983a：22）。不过，自那个学期后，事情开始发生变化，他遭遇了生平第一次反犹太主义运动，被一个不允许犹太人入会的大学生联谊会拒绝了。他转而加入一个他称为"有头脑的"组织。开始对个人和社团有了新的认识，并选择心理学作为他进一步学习的方向。本科学习结束后他继续攻读研究生。20世纪30年代末，正是政治和学术气氛浓郁的时代，处处是各种讨论。（对于世界而言）这也是一个新的时局，日本侵略满洲里，墨索里尼攻打埃塞俄比亚，希特勒羽翼尚未丰满。即便在封闭、整洁的杜克大学中也能感受到这些由世界舞台上的重大事件带来的不安定气息。

布鲁纳开始形成自己的观点并成了一名叛逆者。他因拒绝参加学校规定的礼拜，并投书学报而被贴上寻衅滋事的标签。他喜欢这个标签，至今他自己有时还会用这个标签。学术上，在他所选择的心理学学科领域内，开始出现偏激和政治化。关于学习出现了如下的论战："究竟学习如镜射，是被动的、逐渐递增的，还是由假设驱动，间断的、呈阶梯状发展？"（Bruner 1983a：27）换句话说，学习究竟是通过模仿而获取知识，还是一个包括学习者自身主动提出问题来寻求答案的、不均衡发展的过程？第一种持有连续发展观点的反对者认为这样的观点把人单纯地看成了环境的产物。他们提出相反的观点，即：学习是由学习者内在的关于事物的肯定或否定的假设所驱动的。在本书中，我们会时时检视这个观点。正值此时，布鲁纳通过他的好友列奥纳多·布鲁姆（Leonard Broom）的介绍获得了一个从事人类学研究的工作。这是他学术生涯中另一个重要的线索。

1938年，适逢西班牙内战痛苦地结束，布鲁纳结束了在杜克大学最后一年求学生涯。他受邀成为马克思主义研究团队的一名成员，有一段时间，他甚至还像玩票一样成了一名共产党分子。经过多番思考，他前往哈佛。

前往哈佛

布鲁纳开始哈佛求学之路前，利用暑假自学心理学理论，因而进校时他已是"满腹经纶"（Bruner 1983a：32），尽管他此时尚不清楚他在这个领域开展研究的抱负是什么。那时的哈佛，心理物理学是心理学研究工作者中的主流，其中包括一项关于感知觉的研究，即对于外部的物理刺激做出何种反应。布鲁纳对此表示反对，随后，他与列奥·普斯特曼（Leo Postman）开始了一系列的实验，得出了关于感知觉的革命性的理论，给这一领域带来了新气象。他们认为感知觉并非是一种直接的反应而是一个包含选择和整合的信息加工过程。这个心理学论点强调的是人对于世界的观察和解释，超越了认为人仅仅是对外部世界的刺激做出反应的论点。把学习者看作采用建构主义方式去感知、去学习的主动者而非被动者。这是他著作中非常重要的分析，也将贯穿于此书中。

布鲁纳在哈佛的这段时间是多产的：他发现了一种令人愉快的、师徒之间建立起来的或者可以称之为学徒制的教学方式，他加入这些学生中，其中有一些人成了他终生的朋友。布鲁纳还发现了实验心理学是他的兴趣所在，所涉及的某些研究主题让他很有乐趣，其中记忆、感知、学习、动机、神经心理学和动物行为等主题成了他思考和研究的主要对象。他非常乐意参加学生的讨论会，会上由一位研究生提出一个话题，然后由大家集体讨论。由此你可以看到布鲁纳不仅在意他学些什么，怎么学的问题也逐渐成为他思考的基本脉络。

这一切的发生都是以遥远的欧洲所发生的事件为背景的。布鲁纳描述自己兼具左派激进主义和干涉主义的思想，他希望美国能摆脱孤立，支持欧洲。他一辈子对希特勒都有一种出自本能的憎恨。那时，正是他论文写作的阶段，他因关注战争而选择交战国的广播传播的特性作为他的研究主题。也因其论文主题，他于1939年夏访问欧洲，在那里他遇见了他的第一任妻子凯瑟琳（Katherine），并与之结为连理。

战争年代

起初，布鲁纳在华盛顿的外国广播监测处工作，他的工作是监听

"敌台"，尽管美国事实上还未加入战争。后来他得到了普林斯顿大学的工作职位，担任公共舆论研究办公室的副主任，于是他和他太太携幼子怀特利（Whitley）前往普林斯顿。这期间，布鲁纳初次遇到罗伯特·奥本海默（Robert Oppenheimer），尽管那时他还不知道奥本海默的研究领域，但已经为其聪明的头脑所折服。维系这段稳固而持久的友谊的基础是对于心理学和物理哲学的共同爱好。随着欧洲战事的推进，布鲁纳不能安于一隅了，他开始为一家战事信息机构工作，先是去了伦敦然后又到了法国。之后，他开展了名为"与法国大学的文化联系"的项目研究，同时他利用他当时的身份特权会见了许多那个时代的杰出思想者，并与他们结为朋友。其中一个是萨特（Sartre），他当时是法国巴黎战后文化学术界的翘楚。尽管巴黎有着迷人的环境，布鲁纳还有机会会见诸多有名望的思想家和艺术家，但他开始怀念大学的生活。他回到马萨诸塞州的剑桥市，在那里待了27年。在那里，他的女儿出生，孩子们逐渐长大、上学，然后最终离开家开始自己的独立生活。他的儿子怀特利成了一名布鲁纳口中的"阿拉伯语学者外交官"，女儿珍（Jane）是一名摄影师。

回顾与展望

在这一章中我们了解了布鲁纳的童年及早期生活，时间截止到第二次世界大战结束。我们知道了他童年的一些遭遇，比如生来失明、丧父以及欧洲战事的影响和美国经济衰退对他可能产生的影响。下一章，我们将关注战后他的工作尤其是那段时间他所遇到的对他的思想产生重大影响的人物。我们从布鲁纳的学生时代转向他的成年时代。

CHAPTER TWO
The life of the mind of Jerome Bruner

第二章
杰罗姆·布鲁纳的思想历程

引言

在第二章中我们将转向关注布鲁纳的专业生涯,将对他主要的研究主题及在思想历程中对他产生影响的人物进行略述,并为后面即将详细阐述的内容,作好铺垫。本章引用布鲁纳自传《思想的追寻》一书中的内容,这不是一本简单的自传,而是一部记录了布鲁纳思想发展历程的历史。布鲁纳自己是这样引入的:

> 当一个人一旦进入思想的世界,事情就会变得不同了。当你像一个有智慧的人那样去探寻,你就如同登上了舞台,舞台上上演的这幕剧在你踏上舞台之前已经上演了几个世纪,剧本因为有很多人参与编写和改编,已经比较完

善。你的想法和意图开始和这些真实存在已久的思想、问题和体系发生联结。卡尔·波普尔（Karl Poper）称之为思想和范式独立存在运行的第三世界，即"客观知识"的世界。

(Bruner 1983a: 56)

毫无疑问，我们每个人的思想、学习、工作都会受到别人的影响。布鲁纳列出了对他早年从事感知和学习的研究以及成为心理学家后开展的研究有影响的人物。我们已经看到了在战争年代，身份迥异的哲学家、艺术家、作家和政治家等是如何对他产生影响的。

感知觉和思维的发展

感知觉这个词在今天，已经不似在布鲁纳刚开始成为一名心理学家时那样使用频繁，那时，有很多人都在思考"感知觉"的问题。布鲁纳说这个世界（包含的一切事物）不仅仅是如你所见，更是在情境中与你的思想相关联，因而事情会因你的情况而看似不同。如会因你的感觉、因你和谁在一起、因你刚刚所做的事以及因你正在思考的问题等产生不同的感知。想象一下当你掀开门帘，迎接你的，一个是明媚的阳光，一个是阴暗、潮湿的天气，这两者将给你带来对这个世界截然不同的看法。

在感知、思维和学习之间有一种联系。20世纪40年代至50年代的十多年间，布鲁纳和同事及朋友列奥·普斯特曼是工作伙伴，他们一起交流思想、撰写论文，共同研究感知觉。有一项最为著名的布鲁纳-普斯特曼研究叫作"红桃实验"（red spade experiment）。这个实验关注的是有关感知的某个方面，即人们看到他们预期过的事物的反应。在一盒扑克牌中，黑桃总是黑色的。玩过扑克牌的人总会认为黑桃是黑的，红心是红的。布鲁纳和普斯特曼决定设计一个实验，用外表看上去没有什么特别的扑克牌，对调牌的颜色以考查人们如何对待反常或不协调的现象。实验的假设是改变一组牌的颜色会让人们在看到这些牌时产生一些思考。他们采用视觉记忆测试镜来测量实验结果。这是能通过屏幕呈现具体时间的一种仪器，是安装了相机的机械快门系统的幻灯片投影仪。安装好幻灯片，快门锁定开放，调整焦距并校准，然后按下快门钮。当实验开始时，快门的速度是已经设定好的，快门翻转也是正常的。

测试对象坐在测试仪前，仪器相继展现正常的和不正常的扑克牌，并停留一段时间直到被试能认出并命名该牌。实验结果令人震惊，被试需要花更多的时间辨认不正常的扑克牌，虽然这没什么奇怪，但一旦他们碰到一张例如红桃的牌后，他们就会花更多的时间去辨认正常的牌，并且表现得犹豫不决。这表示当人们看到不合期待的事物后，他们会调整自己的期待。对布鲁纳和普斯特曼而言，这意味着他们发现人们在辨认事物的时候并不仅仅是认出这是什么，也需要有关于事物可能是什么的考虑。他们掀开了之后被称之为认知科学的一角。

另一位对布鲁纳有影响的人物是爱德华·托尔曼（Edward Tolman），他是1951年从伯克利到剑桥的。让布鲁纳产生兴趣的是他学习理论的方式。我们前面提到，当时关于学习占主导地位的观点是：学习是对外部刺激或输入信息的重复，成功是对这一学习行为的强化，学习者是被动的。这是以巴甫洛夫的"条件反射"来解释学习的。巴甫洛夫通过动物实验得到的结论是：见到食物便分泌唾液的动物在食物和蜂鸣器的响声产生联结后，会出现听到蜂鸣器响声就分泌唾液的习得性（条件）反射，以此替代看到食物就分泌唾液的简单反射。然而，对托尔曼而言，学习比这复杂得多，它关涉个体对外部环境认识的改变，并以他称之为内在保留的认知地图来进行表征。白鼠走迷宫时会寻求更有目的性的方法，托尔曼的这个实验让他将学习比作认知地图的建构。对他而言，学习并非是简单的刺激-反应行为，而是关涉了学习者积极建构认知地图的事件。

1955年，在科罗拉多博尔德（Boulder Colorado）的讨论会上，布鲁纳聆听了海尔德（Heider）和费斯廷格（Festinger）的报告，自己也做了颇有影响的《超越给定信息》的报告。他开始转向思考人是具有辨别能力的、是可以进行选择分类、安排顺序的理性动物、思考者和问题解决者。本质上说，这属于认知科学范畴。

意义和文化

对布鲁纳而言，意义始终位于对思维和认知的研究的核心。谈到意义，我们即是在讨论如何弄清楚某事或是获得理解、得到某些推断。就当时的西方心理学家而言，布鲁纳的与众不同之处在于他确认意义并不取决于我们内在的生理需求，也不取决于个人对这个问题的思考，而是取决于在某种文化情境中的积极探索。这是一个非常重要的观点，所以此处我们会对情境和文化加以定义。

- 情境（context）一词使用在这里的意思是指事件在"哪里"发生，这个"哪里"，不是单纯地指事件发生的地点，也包括了事件中所涉及的人物，事件在何条件下、通过什么方式发生，等等。
- 文化（culture）一词使用在这里的意思是指群体在一些重要事情的处理中表现出来的已形成的所有途径和方法。例如：行为模式、规范、语言、艺术和手工艺、宗教仪式、信仰、价值观、原则、结构和体系等。

我们在努力对世间的人和物做出理解、说明和解释的过程中建构意义。我们中的每个人都共同生活于一个世界中，但是这个世界有着多种文化，而我们主要生活在一种文化之中。当我们试图去理解这个世界时，我们正是在试图理解我们自己文化所属的世界，并且我们运用自己文化所创造的文化工具来帮助我们理解这个世界。

鉴于此，布鲁纳将心理学研究与许多诠释性社会科学进行联系，尤其是人类学。诠释性社会科学旨在对所见所闻进行解释。它们超越了单纯的描述。布鲁纳与他的室友——年轻的人类学家列奥纳多·布鲁姆早期的交往，对布鲁纳形成交叉学科的思考方式产生了根本性的影响。那时的布鲁姆对弗洛伊德的理论很感兴趣，并且展开过某些批判性的思考。布鲁纳也开始对弗洛伊德关于童年不幸和家庭变故对个性发展具有重要影响的思考发生兴趣。但总的来说，他对弗洛伊德还是较具批判性的。

让布鲁纳对文化和情境在发展中的重要作用产生更浓厚兴趣的是皮亚杰和维果茨基的研究。皮亚杰的方法是关注发展的逻辑——儿童尝试解决问题或解释事件的方式。布鲁纳同意皮亚杰研究的某些方面，但也有许多方面并不同意，不过总的说来他还是认为皮亚杰必须被看作伟大先驱之一。20世纪40年代后期，布鲁纳初次接触维果茨基的研究，他对维果茨基的研究肯定更多，他认为维果茨基聪明、有激情，完全同意他的思想，尤其坚持文化和情境在思维发展过程中所起的作用不可忽视的观点。

牛津时代

时至1966年，布鲁纳的兴趣开始转向观察婴儿以求对思维的发展有更多的理解。他吸收了在20世纪50年代后期逐渐知名的诺姆·乔姆斯基（Noam Chomsky）的研究成果。乔姆斯基批判了斯金纳有关语言习得和学习的机械论观点，认为婴儿具有与生俱来的加工语言的能力。对布鲁纳而言，那时乔姆斯基的研究成果中最有吸引力的部分就是有关语言发展并非是通过对以往的经验进行加工而得，而是通过大脑和思维的先天的活力而获得的。这是觉察人类婴儿具有能力的开端。

1970年，布鲁纳受邀前往牛津大学。这对他而言可以说是一次梦寐以求的机会：去一所如此著名的大学工作和生活，一所一听到名字就让人联想到顶级学术研究的学府。如布鲁纳本人所言："那是相当紧张的……评判、分层，并且没有什么可以被谅解。这标志着你……纯净、智力无可挑剔，这些都是理想。"（Bruner 1983a：253，255）。在这里，他的研究工作纳入了另外的研究维度，开始关注并从事与年幼儿童相关的工作。他开始对婴、幼儿的学习发生兴趣，尤其是有关他们如何掌握并使用语言。

布鲁纳召集了一群聪明、富于创造力的研究者和思想者，组成了一个研究团队，其中有一些人可谓家喻户晓。有一位名叫汉诺斯·佩波斯克（Hanus Papousek）的人，他逃离捷克斯洛伐克来到牛津加入了布鲁纳的研究团队。他在母婴互动方面进行拓展性的研究。研究团队中还有一位名叫科尔温·特雷瓦尔森（Colwyn Trevarthen），他研究的是感知觉，主要关注细节和情境。贝瑞·布拉泽尔顿（Berry Brazelton）是研究团队中另一位研究母婴互动早期发展的，他主要关注的是婴儿对非生物物体的反应和母婴互动间的差异。罗格·布朗（Roger Brown）的研究对象被他自称为"第一语言"，就是婴儿最早的为数不多的"语言"的含义。很清楚，牛津大学研究团队的研究重心是从前语言到语言能力获得的过渡阶段。

在这个时期，乔姆斯基的语言习得装置（Language Acquisition Device）不再受到热捧，原因是他对（学习者的）学习偏好及与他人互动的需要的关注不足。换句话说，（语言获得中的）社会交往的影响被严重忽视了。有些人认为这过于机械化了，而布鲁纳则认为增加对语言的目的和使用的关注是毋庸置疑的。为了回应这一点，他发展出了语言习得支持系统（Language Acquisition Support System）。

教育学、教育和课程

作为一个关注他人福祉的资深政治人，布鲁纳基于观察，开始关注当儿童进入正式教育体系后会发生什么。战后的美国，随着数学和科学教学在学校中的迅猛增长，无论是感受到的还是真实的情况都是学业失败的儿童群体开始显现。这个群体主要由来自贫困家庭和黑人家庭的人员组成。如布鲁纳所评论的，贫穷这个因素是"新发现"的，这个发现带来的结果是对能感知到的贫困儿童所缺失的一些因素的补偿，开端计划得以启动。布鲁纳开始了非洲的旅行，并深入思考文化的重要性以及如何对学习情境中的儿童行为产生影响等重要问题。在此期间他遇到了同样肯定语言和文化在儿童思维发展中起重大作用的鲁丽亚（Luria）——维果茨基的同事。布鲁纳的这些思考在《教育中的文化》（*The Culture of Education*）一书中进行了概括。有关本书最基本的争论是儿童唯有通过对文化的参与才能达成潜能的最大程度的实现，需要严肃地关注感知、思考、感受和讲述的作用而并非仅仅关注科学和艺术。在那本书中，他也谈到了螺旋式课程，这也是本书在稍后的章节中会加以讨论的。

叙事：故事写作

布鲁纳在后期开始关注叙事（故事写作）在协调人的经验和行动之间的作用。他将叙事看作行动过程中帮助理解的一种推理方式、一种语言形式以及一种文化工具（这里他引用了维果茨基的思想），从而组织个体的行为并建构自我认同。因布鲁纳坚称真实是由叙事建构出来的，因而有些作者称他发展出了一种关于文化和思维的叙事视角。他的论证是复杂的，本书将在稍后的章节对此做详细介绍。在这个方面主要是人类学以及克劳德·列维-斯特劳斯（Claude Lévi-Strauss）和克利弗德·格尔茨（Clifford Geertz）的开创性工作对他的思想产生了影响。

回顾与展望

本章介绍了布鲁纳所遇到的或是与他合作的一些人物，这些人物对他的思考、研究和写作有重要的影响。通过介绍我们也对布鲁纳研究中的主要议题做了一番检视。这只是"浅尝"，你将在稍后的章节中领略布鲁纳的复杂思想。接下来让我们把目光转向布鲁纳的这些思想，先从思维（mind）和意义（meaning）开始。

3

CHAPTER THREE
Mind and meaning

第三章
思维和意义

引言

从本章开始我们将对布鲁纳的重要思想进行深度检视。我们从布鲁纳有关儿童是如何逐渐理解他周围世界中的人和物的思考开始。布鲁纳称此为思维的发展，我们也可以称之为认知发展。他早期的工作对理解他的思想发展历程很重要，所以此处我们将继续关注那些对他的思想有影响的人物。布鲁纳在20世纪60年代的作品中开始思考使人区别于其他哺乳动物的两个智力发展方面的重要问题。他关注发展以及工具（在促进发展中）的重要作用。

双腿站立：成为工具的使用者

布鲁纳在开始的一篇论文《思维的成长》（The Growth of mind）（1966b）中声称，是直立让人区别于其他动物，因为上肢的解放可使其达成其他的目的——特别是加工和使用工具。在认知发展和语言发展中，使用工具有着最为显著的意义。布鲁纳指出从生理学角度来看，人类进化出了较其他生物更大的大脑，较小的下巴和不那么惊悚的牙齿。在人类结群而居后，人类最终拥有的生理特征就此诞生。一开始占主导地位的是工具制造，但工具制造的行动程序看起来似乎是预先编定好的。让我们来看看如何发生这些行为可能。

- 为了制造一个面具，人类发明并使用了一种锐利的工具——或许是一块卵石。他就可以用它在平坦的表面制作面具。
- 如果他想要改变面具的颜色，他可能会使用烧过的小树枝或加了水的泥。
- 如果他需要狩猎杀死生物，他需要发明弓和箭、后面带有挂钩的线，以及一张网等。

一旦人类过了较长时间的定居生活，他们制造的工具就变得更加复杂，当需要制造更多单人使用的新工具时，他们会以原来已经制造的工具为范本来批量制造。为了使用新工具，已有的技术需要不断更新。人类不仅需要制造工具还要为能更有效率地使用工具而不断改良他们的使用技术。过着群体定居生活的人们分享他们的工具和实践技能：他们开始将工具制造和使用技术及知识传递给下一代，因而形成了文化。这是文化传递的肇始。

布鲁纳宣称的人类发展的另一特征是人类的新生儿在生理和大脑发展方面都是不成熟的。这使得人类婴儿相比其他物种需要更长的时间达到生理上的成熟，这就为完成必要技能的传承提供了较长的时间。

不同文化、不同工具、不同技能

现在让我们转向布鲁纳某些令一些人焦虑的思考和研究。这是因为这似乎在讨论关于"文明"的问题,他认为有些社会相比其他一些社会较为落后。他的研究结论很有趣,值得一读。当然,你也可以反对任何令你不快的论点。在这里需要郑重声明的是他自己很清楚他的研究涉及敏感问题。他的愿望是追踪狒狒和他用影像记录的生活在非洲南部喀拉哈里沙漠中的采集狩猎者的婴儿之间的进化。贡人(Kung)是圣族人(San)的一部分,虽然他们没有科技、没有可书写的语言,但他们过着群居的生活,会通过语言交流,制造并使用工具,进行各种仪式。

布鲁纳在考察思维发展时注意到群居生活的狒狒在性别角色差异上表现出的界线。成年雄性狒狒具有被称之为理所当然的统治或保护的行为模式,需要加入联合行动抵抗入侵者以保护雌性及年幼的狒狒。布鲁纳关注的是年幼狒狒的行为,它们看起来是在与同伴共同游戏中练习雄性和雌性狒狒的角色行为。这表明游戏是为练习成年后雄性狒狒的统治行为及雌性狒狒的保护幼狒行为的自发并合作的活动。然而,并无证据显示游戏中有任何成年的狒狒参与,也未见到幼狒仅使用材料玩游戏或直接模仿成年狒狒的行为顺序。所以,布鲁纳推测,幼狒的游戏是一种练习成年后角色的活动。他几乎没有关于(幼狒的)游戏与思维或认知发展有关系的证据。

随后他考察了采集狩猎者群落的婴儿的行为。相反,这里很显然的是在一个共同体中,成人和儿童、成人和青少年、儿童和青少年之间互动频繁。他们在一起唱歌、跳舞、游戏,坐在一起吃饭,共同参与一些小型的狩猎活动,共同欣赏歌曲或故事讲述。儿童常常是观众,也会参与一些仪式活动中:比如第一次理发或第一次宰鹿,对男孩子而言,则有刻痕,一种表示从童年通往成年的仪式性的切割皮肤留下瘢痕的过程。儿童们的游戏模仿成人的仪式、器具、工具、武器以及成人使用的语言。可以清楚地看到,他们通过观察、模仿、参与以及互动来学习,故在录影中看不到一处使用言语告知方式的教导。成人通过展示及示范来达成我们所谓的教导。儿童除了通过游戏来吸纳及体会成人的角色和感受外也没有去练习或重复任何内容。能看到的只是关于儿童玩狩猎的游戏、玩领头人游戏以及玩照顾婴儿、打扫房屋游戏的例子。布鲁纳说道:"最终,生活在这个文化中的所有人知道了几乎所有有关他们生活的事情,如:如何做个男人,如何做个女人,生活所需的技能、仪式和神话,以及权利与义务。"(Bruner 1966b:6)

布鲁纳随即又将目光投向更为复杂的社会,在那里他发现了在儿童教导方面的明显差别。他说这种差别部分是因为复杂社会中有大量个人及群体以外的知识和技能需要掌握。为了简化知识技能的传递方式,相比在情境中传递,这些社会出现了选择通过脱离情境的讲述来进行的经济的教导方式。你应该已经意识到了在圣族社会群落中,他们采用的教导儿童的方式是在情境中呈现如何去做。在我们这样出现了文字读写的社会中,脱离情境的讲述已然成为学校和教师制度化的活动。无论学校还是教师都在提升用以教导年轻人的必要的抽象的方式。根据年轻人在不同年龄和不同阶段的需求,知识被集中成一体,形成了用以教和学的课程。在一些国家,课程由中央制定;另一些国家,如意大利,课程由各地区自行制定。教学内容常常与当地社会生活脱节,但这样的问题很少被思考识别。因而学校远离了当地或土著的生活。在一些由来自不同文化的人员聚居的地区,这种现象表现得更为突出。学习被看作可以脱离有关生活、经历和儿童兴趣构成的情境,这很可能是导致很多学生觉得学校似乎无关紧要的原因。你应该还记得布鲁纳自己也感受到学校教育的无关紧要。尽管他意识到从本质而言学校教育对大多数人来说是有着重要意义的,学校的存在可以拓宽学习者狭隘的思维方式,给他们打开另一个可能的世界之门。学校应该是一个鼓励儿童思考、反省、提问和解决问题的理想场所。学校也可以帮助儿童逐渐发展对高度抽象的符号形式和语言——听与说的运用能力。儿童因此有能力思考过去与将来、现实与可能的相关问题。

布鲁纳开始持续讨论他自己命名的"放大系统（amplification systems）"，这是人类用以帮助自己理解和分享身体和认知的工具。他讨论维果茨基的文化工具并对"放大系统"做如下解释。"放大系统"包括以下要素：

- 行为加强工具：如锤子、杠杆、棍子、轮子、铲子等；
- 感官加强工具：如烟雾信号、扬声器、放大镜、望远镜、图表等；
- 思维加强工具：如符号系统（字母表、脚本、书籍、数字）、计算机、电子设备、逻辑等。

用布鲁纳的话来说，一种文化就是"一个设计者、一个仓库以及一个传递者构成的'放大系统'以及适合这个系统的设施"（1966b：7）。换句话说，每一种文化都发展出工具用以传递本文化所形成的知识、习俗、技能、价值观、信仰、仪式和实践，这些工具被使用、保存、分享并得到推广。在一个采集狩猎者群落中发展起来并掌握和使用的工具较复杂社会中的工具而言更贴近实践、关联行动，后者则更具象征性、抽象性和言语性。

文化传递：装备下一代

布鲁纳写下了他信奉的任何社会都应该为使下一代成为学习者所必须做的。显然，每个社会都应该将与各自文化相关的知识和技能汇集起来，以合适的形式传递给初学者。换言之，任何社会都需要允准一种用以学习者正式学习的课程或大纲，且确保其与学习者的年龄、需求、学习风格和已有经验相匹配。目前在英国我们所熟悉的是关于年幼儿童应该学什么的论战或争论。他们应该学习语音吗？他们应该在初次接触语音后就学习阅读并进行分享阅读吗？他们需要学习怎样正确书写还是可以根据自己的猜想和自己对书写的想法进行尝试？他们必须坐在桌子旁还是可以自由走动选择自己感兴趣的活动？布鲁纳建议我们应该让学习者远离"无用的学习"，更认为正是这种学习会导致教师按照能力去看待学生，并按能力分组进行教学。很多问题根源于此。我们能仅仅按照幼儿是否能说出颜色、形状、动物或国家的名称来对他们进行分组吗？这会给分在最好的组的幼儿传递什么信息？又会对分在最差组的幼儿产生什么影响？我们可不可以以混龄的方式来进行教学？如果你读过丽莲·凯兹（Lilian Katz）的著作你就会知道她不主张幼儿去做那些远离他们经验和兴趣的琐碎的事，比如用干树叶去做拼贴画、在作业单上涂色或做练习册。

这里我们需要直面发达的、工业化的或复杂社会中的学校教育所遭遇的地方性的问题。在我们的学校中，"教"更多的是指讲述，而"学"则更多的是指坐下来，被动静听。知识和行动之间是隔离的。我们认为，这是导致发达社会的儿童在学习时远离他们的生活、经验和情境的主要原因。你应该还记得布鲁纳对自己所遭受的学校教育的记录。

下面是两则事例，阅读并思考事例中的儿童在学校教育中的遭遇。

1. 3岁的夏思蒂（Shasti）刚从巴基斯坦的一个乡村来到伦敦。入园的第二天，教师让她用英语从卡片上把她的名字复写下来。夏思蒂不仅对英语一窍不通，也不知道卡片上的标记是什么以及教师让她做什么。教师看到她的困惑后请年长的幼儿用乌尔都语（Urdu）跟她解释了要做什么。

2. 7岁的汉妮（Honey）每晚和她的母亲一起阅读菲利普·普尔曼（Philip Pullman）作品中的某一册。在班级中她必须阅读的是一本阅读计划书，里面没有令她感兴趣的故事。

你会发现，在夏思蒂这个事例中，教师希望夏思蒂完成的任务相对她先前的生活和经验是很不适宜的，对她而言，这是她学校生涯中过早体验到的困扰。幸运的是这位具备资质的新手教师注意到了她的困扰并采取措施矫正了问题。这个案例中的教师极有可能因为过于忙碌而无暇顾及让年幼的学习者利用他们先前经验的重要性。汉妮的案例中，教师成熟且有经验，但同样没有对她的学生的经验有足够关注。显然汉妮是幸运的，因为她在校外有机会接触书籍并了解作者。但对教师而言没有关注到那本有关阅读计划的书并留在教室作为阅读用书几乎是没有什么理由可讲了。

本章早先提及的采集狩猎群落的儿童的学习无疑是根植于生活和行动的。布鲁纳坚称一个社会必须确保技能和程序能原封不动地一代一代传承。许多发达社会确实如此，但有些时候，因为侵略和殖民，许多文化无可挽回地遭到了破坏，诸如隔离时期的南非人、印加人、阿兹特克人、玛雅人和复活节岛人。以下案例能揭示丧失语言和文化所带来的影响。

佐提（Jotï）是一个土著部落，有25个群落，共计800人左右，位于巴西玻利瓦尔州（Bolivar）库奇韦罗（Cuchivero）分水岭上部、伊瓜娜（Iguana）的阿西塔（Asita）以及亚马孙州（Amazonas）的帕露西图（Parucito）河上游盆地。当地的环境多是热带雨林，其结构和成分依海拔梯度从盆地到丘陵到山地而变化。他们的领土由于多崎岖的山岭致使外人难以到达，也正因为如此，他们一直与外界隔离，直到20世纪70年代以后才开始与西方世界有所联系。那时候，他们以狩猎和采集作为他们主要的生存手段，但也开始尝试一点耕作。在近

30年中，他们开始与邻近的土著部落和一些外国传教士接触，通过交易获得西方的食物和工具，并开始受到西方文化理念和生活实践的影响。然而，并非所有的部落都同等地受到这些变化带来的影响。有一些部落依然过着一种传统的游牧生活，几乎和那些不是佐提族的部落没有任何联系。甚至那些近来已经定居下来或者曾经的传教基地和外界也仅有极为有限的联系，主要以跋涉采集赖以生存。因此，佐提部落是至今生活在委内瑞拉的最少被外来文化同化的部落之一。他们中的大部分只说一种佐提语，非常少的人学习了西班牙语作为第二语言。

（www.terralingua.org/projects/vitek/pilot.htm）

如上所述，这些世界各地的人们的生活经验被记录的一个影响结果是联合国起草并通过了关于土著人权利的宣言（2007）。宣言旨在纠正现有的一些做法，如拒绝少数部落保存他们自己文化，其中至少有两个条款涉及儿童的保育和教育。

条款14提到：

● 土著人有权建立和控制他们自己的教育系统和机构，用他们自己的语言提供教育，采用适宜他们文化的方法进行教和学。

● 土著人，尤其是儿童，享有接受国家提供的所有等级和所有形式的教育而不受歧视。

● 国家应加强与土著人的联系，采取有效措施帮助土著居民尤其是儿童，包括不再生活在群落中的，让他们有机会能接受采用本族语言提供的教育。

条款15提到：

● 土著人有权利受到尊重，他们的文化的多样性、传统、历史和愿望应在教育及公共信息中得到适宜的反映。

皮亚杰和维果茨基的影响

我们前面已经提到，有两位理论家的研究成果对布鲁纳意义重大，皮亚杰和维果茨基，他们的观点在一些方面很相似，但在另一些方面又背道而驰。皮亚杰的研究为世界知名，他的影响也一直持续到今天。在布鲁纳看来，他的方法由认识论和逻辑所主导。让我们进一步探讨这些术语的意思。

- 认识论是哲学的一个分支，研究知识的本质。有关它的预设、基础、程度以及有效性，大体上有以下四个执问：知识是什么？知识是如何获得的？人们知道什么？我们是如何知道我们所知的？

- 逻辑是正确推理的科学，描述命题间的关系，涉及可能的结果、矛盾、排斥、转换等。大量的智力活动需要依靠逻辑，但在哲学、数学和计算机科学中更显重要。逻辑用来检验一般形式的论证，判断哪些形式是有效的，哪些是谬误的。这是一种批判性思维。哲学上，认识论领域的逻辑研究主要就是探问："我们是如何知道我们所知的？"

皮亚杰尝试解释使得知识得以建构和传递的内在逻辑，他想弄清楚儿童是如何获取知识的，他因确认学习者不是被动接受的容器而是主动的建构者而声名鹊起。换句话说，他认为儿童是主动地去理解这个世界以及世界上的人。他很少考虑儿童世界的本质，这源于他对文化情境因素的极少关注。在他的逻辑框架中，他认为儿童的发展有着清晰的年龄阶段，并且是通过同化（新经验被整合进原有的认知图式）和顺应（通过改变原有的图式来适应新经验）来达成平衡。布鲁纳认为平衡是个有些模糊的概念，布鲁纳描述了他所认为的皮亚杰的成长中的儿童的世界：

他生活在一个需要他处理时间、空间、因果关系的物质世界中，他是彻底孤独的。他开始对世界的探索是自我中心的，而他要使用的物质却都是最终要跟别人分享的。但别人很少给他帮助。婴儿与母亲间的社会性相互作用在皮亚杰关于发展的解释中作用甚微。语言既没有起到指示的作用，甚至也不是用以揭开使用这种语言的世界所具有的困惑的工具。皮亚杰理论中的儿童有一个压倒一切的问题，就是将思维的内在表征带入和经验结构的平衡化中。皮亚杰理论中的儿童都是小知识分子，他们超然于喧喧嚷嚷的凡人俗事。

（Bruner 1983a：138）

布鲁纳和皮亚杰的关系是如此复杂，他自己把它视作有点类似于父子关系。他尊重皮亚杰以及他的研究，但有些方面又让他觉得很困惑，尤其是发展的阶段理论所蕴含的被动性。学习是个人积极主动发现的过程，尽管他很清楚随着时间的推移，思考和推理的确越来越复杂，但用一个清晰的阶段发展理论概括还是过于粗糙。他的回答是假定一种交替性的途径。这是由他对一直感兴趣的表征的研究发展而来，他将儿童层层推进的三个学习阶段简短表述如下：

1. 动作表征阶段：该阶段儿童开始通过对材料的主动操作来发展理解。其含义是这是一个儿童通过游戏来学习也应该鼓励进行游戏的阶段。

2. 形象表征阶段：该阶段儿童开始能够在大脑中形成事物的形象，不用再将物质的东西或事件提供在他们面前。儿童可以通过记忆储存经验，利用头脑中储存的形象来指代以帮助他们理解。

3. 符号表征阶段：该阶段是最后一个阶段，儿童可以运用抽象的观念去象征外部世界，能够使用符号及符号系统的能力允许他们可以评价、判断以及批判性地思考。

最初，布鲁纳相信儿童需要持续地经过这些阶段来联结并产生自己的理解。

下面的案例是同一个儿童在历时性的研究中，在布鲁纳所说的儿童发展各阶段上的表现。你可以对照一下是否对你的实践有所帮助。

- 当弗里德姆（Freedom）3岁的时候，他的保育中心的老师是这样记录的："弗里德姆家里有了一个新娃娃，今天他在保育中心时，过去拿了一个小人偶，并将它放入婴儿车，推着它在花园绕圈。然后他把它带进屋子，从婴儿车中取出并向墙上用力摔去。我们看着他什么也没说，只是觉得有必要记录下来，来反思他令人困惑的情感。"（他的反应是以动作为表征的，运用了他的感官运动，他还在进行情感的探索）

- 两年以后，那时他在预备班，他画了一系列的画，画放入了他的档案袋。第一幅画中有一个他自称是"我"的人。第二幅画中有四个人，一个很高，一个小些，一个更小些，还有一个只是一个点，名为"我的一家"。（他的反应是以形象为表征的，运用图画和形象，同样，他也在进行情感的探索）

- 在第二年年底，弗里德姆写道："当我的小妹妹出生时，我感到很生气。我希望我是独特而唯一的，但妈妈一直说她一样爱我们两个。现在我妹妹很好，我们一起玩。我爱我的家。"（在这里他的反应是符号的了，运用书面语言去表达他的想法和情感）

你同意布鲁纳所说的儿童的发展需要陆续通过这些阶段吗？那么那些既能流畅地写作，又能表现出情绪情感并用绘画方式表达的儿童呢？

维果茨基则与此很不相同。维果茨基的儿童的成长是获得意识、自我控制，学说话并了解意思，由笨拙到渐渐精细地掌握文化工具和形式并适宜地使用的过程。对布鲁纳而言，有关学习者世界的观点的最关键的特征是对学习是根植于文化和情境的清晰的坚持，这是一个新奇而令人激动的观点。维果茨基相信学习是通过经验较为丰富与经验较为欠缺的学习者之间的互动达成的，并涉及相关文化工具诸如书籍、语言（口头的或书面的）和信号系统的使用，而这些也都是特定文化的产物。他相信经验较为丰富者能够帮助儿童从可觉察到的成就水平跃升到潜在的成就水平，并称之为最近发展区。他的学习模型就是知识传递的模型。这个理论暗示了每个儿童或学习者都可以利用他人（儿童或成人）的帮助而重新激发思维过程的生机，从而独立地解决问题。这标志着儿童从需要帮助的依赖到独立解决问题的进步。对经验较为丰富者在学习过程中所起的重要作用的关注是维果茨基理论的根本，布鲁纳深受其影响。

由此可知，布鲁纳认为经验丰富者在学习过程中所起的作用是根本性的。他视教师或教育者的工作为通过依循他所述的三个阶段（前文已有讨论）而确保能满足学习者需求的辅助的过程，他称此为搭脚手架。你可能会思考家长和其他照料者们做了多少看似直觉性的搭脚手架的事情。当建筑物在建设或整修时需要搭脚手架，布鲁纳以此类比支架教学。在学习过程中成人的支架允许儿童小步前行，一旦儿童可以独立进行，脚手架便也会撤离。

这听起来很直接，但这是相当需要敏感性和技巧的。你可能会思考：如果要成功地支架，什么是成人或经验丰富者所必须做的呢？下面的例子会对你思考该做什么来成功支架有所提示。首先你会阅读一些故事的记录，然后是对经验较为丰富者玛娃（Marva）如何为扎克（Zac）的学习来支架的分析。

- 扎克说他想做条船，但找不到他要的材料。他拿起一件看看又放下，花了相当多的时间挑拣材料。玛娃老师看着他，不去干扰，让他继续那样翻找了一会儿。但当她注意到扎克似乎无法做出决定时，她过去对他说:"你在找什么特殊的东西吗?是重要的东西吧?我知道跟你的船有关。"

- "我需要弄湿了也没关系的东西。"扎克说。
- "噢,我懂了。"玛娃说,"你想要的东西是可以放进水里的,但不会变得很湿而沉下去。"
- 扎克点点头笑了。他捡起一个硬纸盒,"这个可以盛东西,但我要是把它放进水里,它就会湿透。"
- 玛娃表示同意,然后她举起一个塑料蛋盒。扎克摇摇头,"太小了",他解释道。
- "噢,你想要的东西要大一点,而且是防水的。等我一下,我想橱柜里还有更多的容器。"
- 她走去橱柜并拿回来一个装满了塑料食品盒、油壶、塑料盖子、空罐头和厕纸辊架等东西的盒子。扎克认真地查看了每一件物品,然后选择了塑料食品盒,开始制作他的船。

再一次通读以上这则观察记录,写下玛娃老师做了些什么来支持扎克的学习。现在阅读下面的文字,看看你是否同意。

你能看到玛娃是怎样花时间去理解扎克正在做的是什么事吗?为了确保她的介入对扎克是有帮助的,她必须这样做。扎克能把问题解释得很清楚,玛娃就针对他第一次选择的纸盒子为他提供另一个选择,因为尺寸不对,扎克拒绝了这个选择。这就给玛娃提供了重复他评价(太小)的机会,并且介绍一个新的词汇"防水"来拓宽他用词的选择。你应该还记得他用过"弄湿""湿透"这样的词语。所以玛娃关注到了他在做什么、说什么,尽可能满足她觉察到的扎克在语言和行为上的需求。然后还为他提供了多种资源,通过筛选扎克做出了自己的决定。可见玛娃是通过语言(帮助扎克表达问题并拓宽他的词汇)和提供材料支架了扎克的学习。因为玛娃的介入使得扎克在不需要帮助的情况下做出了关于容器的重要选择。最终，他在不需要协作的情况下制作出了船。

玛娃的行为很简单，但这完全取决于她能弄懂扎克的兴趣所在并且能够识别他是否需要帮助。

对实践的启示

本章中我们总结布鲁纳的三个可能对实践工作者很有帮助的观点：

1. 学习者和经验较为丰富者之间的互动。在经验较为丰富者的帮助下，学习者可以从依赖他人逐渐变得独立。教师支架学生学习，这是需要我们确认我们能做的。支架教学需要很高的技巧，需要经验较为丰富的一方（作为教师或实践工作者的你）知道并做到以下几个方面：

- 要理解儿童的兴趣，什么是他们关注并试图去做的；
- 据此，教师以恰当方式介入以确保儿童能在完成任务的过程中逐步独立（这点可以通过评价幼儿已经取得的成绩来达成）；
- 要帮助儿童反思他刚刚的行动，并建议或提供一些特别的资源，等等。

2. 学习中情境和文化的重要性。这对我们而言意味着我们要确保提供儿童能够理解并且他们可以去根据自己最喜欢的经验来建构的学习情境。学习内容应该是儿童觉得重要并与他们的文化相关的。当你想要安排某个活动或者引入某种资源的时候，你有必要停下来问自己以下问题：班上所有的孩子都与此有关吗？这能让所有孩子的经验都有所反映吗？我对资源的选择是否可能存在某种偏见？我是否会因所使用的语言将某些孩子排除在活动以外？回答这些问题都是困难的，但你必须常常问自己这些问题。

3. 要是你关注儿童在用什么来表达他们的思考和想法的话，布鲁纳的表征阶段说——动作表征、形象表征、符号表征——或许对你有用。你会注意到儿童的表达最初是依托于动作和感官的探究，以及图画和形象，或者符号系统。当你发现儿童停滞于某个发展阶段时，你可以给幼儿介绍表征的其他形式。例如，当一个孩子不想用符号来表达时，你要注意确认这个孩子是否有大量具体经验，这是他的自信的来源。或者这孩子是否对一些正式的学习（如做算术题）颇感压力，你可以请这个孩子用动作或形象来表征。

回顾与展望

本章是对布鲁纳思想深入探究的第一章，我们了解了儿童如何理解这个世界以及生活在这个世界中的人。我们的探查始于人类的发展，尤其是让他们因此独特的——对工具的制造和使用以及使用工具的技术。布鲁纳的思想促使我们去关注在不同文化的传递中这些工具及使用的技术所产生的作用。同时我们开始关注在不同的时间、不同的群体中教什么和怎么教的问题。我们触摸了皮亚杰和维果茨基理论的影响，并以对布鲁纳的支架理论的观察来结束本章。下一章我们将继续通过观察聪明的婴儿来检视有能力的儿童。

CHAPTER FOUR
Brilliant babies

第四章

聪明的婴儿

引言

自 1966 年始,布鲁纳将注意力转向研究新生儿。这是他有关思维发生研究的一部分,在本章中我们将检视他有关发展的思想和理论。同样地,我们将讨论和布鲁纳一起工作以及对他的思想产生影响的一些人,并探讨他的思想对我们的实践产生的启示。

从新生儿那里可以学到什么

布鲁纳开始新生儿行为研究之时,他所知道的一切就是从一些标准的参考书中能够找到的,例如反射、感知过程等内容,基本上很少关注新生儿的认知和思维,这在当时并不奇怪。在那时实验研究通常是有关用仪器去测量心率、皮肤传导以及心理变化等内容。布鲁纳那时已经有了两个孩子，但他意识到他对新生儿几乎是一无所知的，也未曾发现孩子有什么令他觉得神奇的地方。后来他结识了贝瑞·布拉泽尔顿（Berry Brazelton），这位儿科医生当时正在研究新生儿评估测试。他的研究背景、经验以及他与布鲁纳的互动，使布鲁纳将其视为最适合引导自己走入新生儿行为世界的人选。他开始每周六跟布拉泽尔顿去波士顿的妇产医院向他请教有关新生儿的问题，这段经历后来被称为"特殊运气"。

布拉泽尔顿知道1岁或1岁多的婴儿可能还不会说一个词，但是他们生来就会以丰富的身体语言、哭声和眼神反应与人交流，我们可以将所有这些都看作婴儿行为语言的一部分。随着进一步阅读你会对该意义有更多的认识。为了让人能更好地通过婴儿的行为理解他们的需求、感受甚至是思想，布拉泽尔顿和他的同事研制出了一种测量量表，他自己称其为新生儿行为评估量表。这是为父母、研究者和照料者所设计，能帮助他们理解婴儿的生理信号的含义。它涵盖的行为很多，适合检测新生儿及2个月以内的婴儿。布拉泽尔顿认为研究者可以在完成评估后对婴儿的强项、适应性反应和可能的弱项做出一个"行为肖像"。

在这个评估量表公开发表前，可获得的测试都只是针对非正常个案的。新量表提供了新鲜的视角，但对布鲁纳而言，最有意义的是量表所蕴含的所有婴儿都是生来就有能力的这一假设。布拉泽尔顿认为新生儿在出生之前便已经有了在子宫生长的9个月的经验，能够针对他们的外在环境做出反应性的行为控制。他还强调人类幼婴能够通过行为、声音、手势、表情进行交流的意义。他们能根据他们周围的一些线索来进行反应（可以想一想成人的微笑怎样引发婴儿的微笑），他们知道自己的行为可以获得回应（可以想一想他们怎么用哭声来获得喂食）。量表隐含的另一个假设是每个婴儿作为独立的个体，却生来就是社会群体的一部分，影响着他周围的环境及为他提供的养育，同时他也为社会群体所形塑。这种途径是建构主义和交互作用的(Brazelton 1995)。

后来布拉泽尔顿加入了布鲁纳和他建立的以他为中心的认知研究中心。在这个研究团队中还有同样对婴儿及思维发展很感兴趣的年轻的英格兰人汤姆·鲍尔(Tom Bower)。他和布鲁纳一起主持实验,有一些做法非常奇特。他们设计了一间专门用来测试婴儿的房间,这么做的原因是原有的测试房间在知觉上都过于混乱。他们设计的是无刺激的测试房间。他们发现,当婴儿被安置于一张特殊的椅子(后来被称为"哈佛椅")上后,由于没有任何东西可看,他们会变得非常痛苦,并会突然哭起来。鲍尔回到爱丁堡后继续他关于婴儿客体永恒性理解的发展的研究。他对盲童在这方面的发展很感兴趣,后来出版了一本题为《婴儿发展入门》(*A Primer of Infant Development*)的书。

布鲁纳和一位名叫伊泽·卡尔宁斯(Ilze Kalnins)的年轻女士合作,继续开展研究。他们注意到婴儿观看图画时,如果图画是模糊不清或缺乏焦点的,他们就一定会把目光从图画上移开。他们决定尝试研究婴儿是否会通过吸吮连接聚焦机制的橡皮奶头来提高图像质量。他们做了这个研究并且发现6周的婴儿真的会通过加速吸吮来使图像变得更加清晰。除此之外他们还发现,婴儿能够调整他们的吸吮技术来获得令他们更为满意的结果。对布鲁纳和卡尔宁斯来说,这是婴儿具有智力行为的明证。布鲁纳开始认为婴儿是年幼的假设者,并且声称只是因为容易疲倦和不能集中注意力才让婴儿的行为看起来很随机。用布鲁纳的话来说,婴儿的行为是"易变的"。他的意思是婴儿很容易受挫或感到厌烦,尤其是在他们无法预期的环境中。我们从中看到了感受所起的最初的媒介作用。

不久以后,这个研究团队扩大了,成员包括科尔温·特雷瓦尔森、汉诺斯·佩波斯克和其他人。研究工作进展稳定,成果在媒体上时有所见。其中给人印象深刻的信息是婴儿的思考和行动比我们以前所了解的更主动、更有条理,他们比我们所想的更有能力。

这是一个重要且影响深远的研究,这个领域中的研究至今仍在继续。高普尼克等人(Gopnik et al.)(1999)提示我们,实验显示当我们对着婴儿伸出舌头,婴儿也会对着我们伸出舌头,这看起来似乎是模仿,但为了验证这并非是出于偶然的模仿,研究团队中的一个成员,梅尔佐夫(Meltzoff),他录制了婴儿的面部活动,并把录像给不知道是什么引起了这些反应的人看。很清楚,婴儿的确是在模仿。梅尔佐夫研究的第一个婴儿有3周大。他想知道是否这种模仿的反应是天生的。换句话说,人类婴儿自出生开始就有模仿他人的愿望和能力吗?他紧邻产房建立了一个实验室以求在婴儿一出生便能对其测试:最小的测试对象出生仅42分钟。这太奇妙了,但我们需要追问这为什么这么重要,这对讨论婴儿的智慧究竟意味着什么?

我们可以从这里开始对这个问题做出回答:新生儿为了模仿成人脸上的表情动作他必须知道些什么?为了能够在看到别人伸舌头以后也做出相应的伸舌头的动作,婴儿必须要有运动舌头是什么感觉的反馈。此外,我们相信婴儿天生会对人脸做出反应,这就意味着婴儿必须要知道他们有一张和别人很相似的脸,有一张嘴,嘴里有一个舌头,舌头还可以伸出来。这看起来简单,但实际上是很复杂的任务。

有相当多的研究表明,婴儿对人脸、人声和其他与人相关的方面都会密切关注:他们会对着画有人脸模样的磁盘笑,对女性的声音的聆听多过于对男性的声音。特雷瓦尔森告诉我们,2个月大的婴儿就可以辨别谁有跟他交流的意向谁没有。到7、8个月大的时候,他们就会使用成人的面部表情了,9个月大就能和成人玩躲猫猫、捉迷藏游戏了,并且能够遵循如厕、睡觉和吃饭的基本程序了。这就说明了婴儿已经能够与成人共用一套由语言、手势、面部表情和身体语言所构成的沟通的框架了。布鲁纳告诉我们，婴儿满足他们的需要或愿望的手段开始包括其他人的行为了。因此婴儿达到他们目的的工具往往是另一个人。婴幼儿是具有社会性的，是社会动物，他们的学习最初是通过与他人的互动以及日益增长的理解他人动机和情感的能力来达成的。

剥夺和补偿行为的概念

布鲁纳对于早期婴儿和思维的研究始于20世纪60年代，这10年中美国发生了民权运动和女权运动，是政治上动荡的时期。社会革命的主要目的是要求改变黑人和女性以及他们的孩子的生存条件。黑人子女在学业上常常失败，有工作的妇女寻求支付得起的托儿中心，以使她们可以外出工作。布鲁纳关于婴儿能力的研究提出了儿童早期在其一生发展中的重要性，这成为一些补偿性项目增长的一个重要影响因素。最著名的是开端计划（the Head Start program），英国的确保开端计划（the UK's Sure Start program）就是建基于此，始于林登·约翰逊总统的"向贫困宣战"（War on Poverty），这个项目的实施部分受到了布鲁纳的研究以及"小学校400词"（Little School of 400）项目研究的影响。

"小学校400词"是20世纪50年代在得克萨斯州发展起来的一个教育项目，由费利克斯·蒂耶里纳（Felix Tijerina）和美国拉丁裔公民联盟发起。蒂耶里纳是休斯敦的一个商人，同时也是民权领导，他认为他早年学习英语的过程中遇到了很多困难，他在童年期出现的很多问题都与他具有的所谓语言上的弱点有关，这也是其他说西班牙语的儿童会面临的困难。他似乎从未考虑过他西班牙语能力缺失是否也是造成英语学习困难的部分原因。在那个时期，采用语言训练的教育学是非常普遍的，蒂耶里纳开始为成千上万的墨西哥裔儿童提供英语教学，他建了小型的学校，旨在教给母语为西班牙语的学前儿童400个基本的英语单词，这样他们就能克服所谓的语言障碍，顺利地完成小学一年级的学业。蒂耶里纳相信，掌握400个英语单词的基本能力可以让这些说西班牙语的儿童免于在一年级留级，落后于他的同学，丧失勇气，从而避免在得克萨斯的公立小学中墨西哥裔儿童辍学成为普遍的现象。儿童被认为是有缺陷的（不能说或只能说很有限的英语），因而确保儿童在学校获得成功的目的是值得赞赏的。但这些孩子既不哑也不笨：他们说西班牙语很流利。你可以想象这会给这些孩子在对他们的母语甚至是他们的文化的价值认同感方面产生怎样的影响（Guadalupe San Miguel 1987）。

在有关该项目启动的新闻出现的那段时间，布鲁纳和他的研究团队正在向华盛顿报告教育上的一些负面问题。布鲁纳的提议是一个很小的研究项目，但是这么小规模的项目不合当权者的意，几个月以后，旨在在每个州都提供服务的开端计划启动了。自此生发并一直延续至今的开端计划为"地方公立的或私立的、盈利的或非营利的机构（我们应称之为学校）"提供基金，为处于经济不利地位的儿童或家庭提供综合服务，也叫作"发展服务"。发展学前儿童的早期读写和数学能力被有些教育者认为是儿童将来获得学业成功的保障，因而格外受到关注。

你可以看到这个项目是建立在这样的观点之上的，即这个群体的儿童存在缺陷因而给予补偿是合乎自然的。就是"缺陷"这个概念让布鲁纳颇感不适，但他继续着他的研究。有关研究的重要结论表明，学习或思维发展的关键因素是互动及自我发起。换句话说，儿童的学习要由他们的兴趣而定，需要与他人互动。但是缺陷和剥夺的概念内涵不仅一直被使用着而且被修改了。在视剥夺为贫穷的后果的研究土壤中，诞生了新的观点——文化剥夺。在布鲁纳看来，这个想法植根于中产阶级对儿童——白人中产阶级的儿童是怎样的以及应该怎样的高度理想化的观点。这是非常西方的版本，认为儿童都生长在核心家庭，母亲在家，父亲外出挣钱养家。孩子们的游戏（自己创造的游戏）受到鼓励，和母亲之间有着持续的互动。任何缺少了这些的家庭都被视为是有缺陷的，儿童则被视为遭受了文化剥夺。你可以联系自己的家庭以及你工作中遇到的家庭或书本中提到的那些家庭来想一想。有多少家庭是符合那个模式的呢？在美国与开端计划同步的是许多教母亲们如何变得更像理想的白人中产阶级家庭的母亲的研究设计，那就是母亲们要和孩子们一起玩游戏，要跟他们多谈话，有些时候还要让孩子们在游戏或谈话中占主导地位。不久以后，类似的家庭教育项目在英国启动。有一些项目确实取得一些成效，比如有些儿童变得更像中产阶级理想化的儿童，在学校取得更好的学业成绩。但补偿项目的负面影响常常超过这些微不足道的所谓成效。

现在呈现出来的重要问题是我们是否能将一些儿童在学校学业失败的原因归结为文化剥夺。究竟是特有文化中的缺陷所致还是主流文化对其他族群的优势不熟悉而导致认同不足？当然，在美国，人们对有些儿童为人所知的失败的即时反应不是直接责备儿童而是责备儿童的母亲——更准确地说，是母亲的某种文化背景。不用多想都知道，在美国处于贫困中的母亲主要是非洲裔和西班牙裔的，并且在将来也依然会是，因而隐含的意思就是这些文化在许多方面有待改进。在英国，这些生活在贫困中的家庭可能是黑人家庭或移民家庭，但他们也多是工人阶级家庭。所以这里受谴责的因素就又增加了一个维度——阶级。

开端计划意图良好，但常常拖累于改革运动的屈尊俯就。持续到今天，开端计划声称，通过为登记入学的儿童和家庭提供教育、健康、营养、社会和其他各种服务，来加强儿童社会性及认知方面的发展，从而努力提升儿童的入学准备。事实是他们忽略了最关键也最令人不快的问题，即当贫困者或非洲裔、土耳其裔、阿富汗裔的贫困者把他们的孩子送进一个和他们自己的文化疏离的教育机构时会是什么样子？

在初始阶段，开端计划被描述为获得肯定的项目，某种程度上来说是这样。它的确想改善许多儿童极端贫困的处境，在贫困与差距的问题上可能做出了可感知到的促进。从参与该项目的部分儿童不再出现提前怀孕、进监狱、领取救济金等现象来看，一些参与项目的儿童是受惠的。但任何一个如此忽视文化因素的项目从长远来看注定是会失败的。

设定期望

针对几乎所有儿童都有能力并能够思考、交流、解决问题、获得发展的假设而进行的项目，有不少例子可参考。这些项目基于对儿童的高期望，即相信聪明的婴儿会变成聪明的幼儿，也会变成聪明的学生。他们并没有受阻于对基本能力的强调，而是深受鼓舞，变得积极参与、挑战进取甚至痴迷。以下是一些列举。

● 布鲁纳在《教育的文化》（1996）一书中描述了一个项目，他相信这个项目所达成的目的会超越开端计划。这个项目为10岁或11岁的贫困社区的儿童提供了提高读写能力的机会，并且还让这些孩子感到他们作为这个社区的一员所具有的价值。实施这个项目的学校位于加利福尼亚州奥克兰市，是全美学校联盟的中心。某一天，布鲁纳去参观该校，他遇到学生们正在研究由埃克森瓦尔迪兹公司酿成的阿拉斯加港湾漏油事件的后果，他们在商讨解决的办法。不管想法是否成熟、合理，每个学生需要贡献他们的建议和观点。有人建议用花生酱吸干海鸟翅膀上的油。每一个想法都得到认真的讨论，没有什么是一笑置之的。这在布鲁纳看来，是一个走向平等的路径，他称此为"通过分享来教学"（1996：77）。

● 薇薇安·古辛·佩利（Vivian Gussin Paley）是一个非常敏感又诚

实的教育工作者。在她的幼儿园中，孩子们自己制定规则，只有当一个幼儿的行为给另一个带来痛苦，佩利老师的规则才会出场。有一个规则是反对幼儿中盛行的排挤一些人不让他们参加游戏或不让他们加入小组的行为。通过和孩子们就此事的讨论，她认为孩子们是在探究自己的行为会给他人带来怎样的后果。在实践中你常常会发现，一个小组中的内部成员会排挤小组外部人员。佩利试图在他们教室里建设一个有尊严的社会，并没有花很多精力关注幼儿的基本能力，而是让他们通过游戏、交流、行动、讲述来探究他们所在的世界是如何在运作，并且让他们理解自己在这个世界中的位置。

> 我来到这个三四岁的孩子的世界试图发现他们的秘密，但我发现孩子们鲜有在谈话中暴露他们自己。相反，他们会改变身份，找到隐蔽的地方躲起来：他们用密码交谈，逃离他们看不见的敌人，他们制造一些问题，我不能参与问题解决方案的决定。一整年，4岁的孩子都在宣布牵制坏人的法令。他们的规则制定非常奇妙。倘若我给出的规定太多，孩子们就会困惑就会退缩，是的，小孩子是不可能接受太多建议的……我记录他们精彩的游戏，因为那是记录他们秘密的主要的资源库，孩子们直觉的语言中有他们的想象和逻辑、好奇心和欢愉，也有不好的感受和恐惧。因为我承担了在教室中维持秩序的职责，所以能参与他们每日或全体的或个别私下的戏剧表演，剧名为《幼儿园教室中的故事》。
>
> （Paley 1988：vii）

我们可以称此为通过叙事的教学。

● 巴勃罗·毕加索托儿中心是瑞吉欧·艾米莉亚一个有名的托儿中心，位于该市绿化良好的位置。保教人员注意到孩子们把一些东西收集在一起（如石头、木棍、树叶），以使他们的场地看起来更漂亮。他们花时间观察探究樱桃树，为一队蚂蚁而着迷。艾曼纽（Emanuele）说（有关樱桃树）："我奶奶会将樱桃摘下，放进篮子……我就可以吃樱桃了。"奥罗拉（Aurora）说："这是个门铃，蚂蚁住在小山上，门铃在它们住的地方发出声响。它们在这里，它们在这里，它们打开门，这是蚂蚁的洞，挖开看看是否还有小蜥蜴在里面。"保教人员记录孩子们说的话，把他们做的事用照片记录下来。他们称此为创作的研究，他们关注幼儿利用户外场地捡拾的材料创作的痕迹和图案，乐此不疲。他们还将一些相同的户外材料带入室内观察将会发生什么。他们也增加一些人工材料，比如：金属、橡胶以及陶瓷的一些碎片。他们注意到学步儿具有分组并形成痕迹或图案的策略。他们注意到孩子们会使用形状或颜色，对称和对应、重复和队列以及中断等策略。他们将这个项目编入一本小书，书名是《我们写下看似是书的图形》（*We Write Shapes That Look Like a Book*）（Cavallini 2008）。他们对于这些这么小的孩子是寄予了多么高的期望啊，而这些孩子也是一点没有辜负他们的期望。

你或许想问这些和本章的标题——聪明的婴儿有什么相干。这里的重要性是让我们确认婴幼儿不仅是理解外在客观世界的主动建构者，也是理解人与人的世界的主动建构者。和这些孩子们在一起的成人要特别注意他们是如何开始进行这些的。孩子们通过他们自己的行为及与他人的互动逐渐理解其他人也具有思维。他们逐渐理解同伴或其他人都有自己的感受和思想，让人惊叹的是，他们很早就开始明白这一点。这是否在婴儿时期就开始了，是很值得去探究一番的。

婴儿作为家庭剧中的主角

如前所述，儿童降生于一个群居的、复杂的环境中，自婴儿期开始，他们便是这个世界的参与者或者是主角。他们可以是英雄，可以是受害者，也可以是帮凶；他们可以是对的一方，也可以是错的一方；他们可以是遭谴责的对象，也可以是受表扬的对象。他们可能是行动的领头人，也可能是别人的随从。儿童很早就学会了在家庭日常生活剧中扮演各种不同的角色，这在儿童被要求参与和了解与行为相关的规则之前就已经开始了。儿童通过行为去发现什么是被允许的，什么是不被允许的；什么是可能的，什么是不可能的。一开始儿童需要用身体语言（无声语言）参与，往后有声语言渐渐替代了身体动作。作为家庭中的一员，婴儿从他的父母和兄弟姐妹那里听到有关自己的行为的故事。布鲁纳说这符合他所说的"熟悉的五人小组（the familiar Burkean pentad）"。他的意思是我们可视生活为戏剧，我们可以通过观察剧中人物的两个方面（行动、话语）的动机来了解剧中角色（儿童、父母、祖父母）的目的。"五个一组（pentad）"这个术语是由肯尼思·布克（Kenneth Burke）在剧院和戏剧的情境中所创，为了揭示目的他给出了五个问题以供探询（所以有了"五个一组"一词），问题如下：

1. 谁（或机构）：谁卷入了行动，角色是什么？

2. 什么（或什么行为）：究竟发生了什么？什么样的行为？事态如何？

3. 哪里和何时（或场景）：发生在哪里？背景是怎样的？

4. 为什么（或目的）：这些人（或机构）卷入的目的是什么？他们希望如何？

5. 如何（或中介）：这些人如何卷入相关行动的？他们究竟做了些什么？

这里的意思不容易弄懂，但是一些记录片段可以帮助我们弄清含义。这些记录片段都引自邓恩（Dunn）的研究。

- 一个21个月大的孩子打翻了牛奶，并给妈妈看。

孩子：看，看，看，月亮，那里月亮，月亮。

妈妈：月亮在哪里呢？

孩子：（用几乎听不见的声音重复着）……一个月亮……一个月亮。还有太阳光。

妈妈：不对！那是地毯上的牛奶……

（Dunn 1988：19）

你可以看到母亲是如何给出言语评价的（或者讲述发生了什么），邓恩所举的所有例子中，通常都指出了明显不能为儿童所接受的行为的原因或后果。

- 下面这则是有关一个3岁孩子和她的一个兄弟在厨房里的情况，他们的妈妈正在做一些做饭的准备工作。

妈妈：你们两个可以去把手洗一下吗？……请去把手洗一洗。

孩子：为什么你不用洗手？

妈妈：嗯，这是因为是你们两个要做饭！

这里的母亲的回应让孩子懂得了规则的目的（谁要做饭谁就需要去洗手）。孩子在质疑规则的使用。她还不知道规则有时候是针对某些人而不是针对另一些人的。通过母亲对事情的陈述，孩子就获得了理解。

（Dunn 1988：35）

- 这个儿童刚满28个月,她反复听到别人说她忘了她的钢笔。

孩子:(对观察者)你忘了你的钢笔,你忘了你的钢笔……可能不是这支。你在家找不到你的钢笔吗?

(Dunn 1988:133)

邓恩做这样的分析:儿童看到成人或其他人做错事情很兴奋。她正勤奋地研究着她所生活的这个充满社会交往的世界,试图要弄懂它。

这些小片段足以说明儿童是他们自己生活的各个方面的探究者。邓恩提示婴幼儿需要学会分享他们的关注和体验从而理解将社会联结在一起的那些社会规则。

对实践的启示

1. 布鲁纳坚持认为人类婴儿生来就是有能力的,这种有能力的迹象甚至可以追溯到更早。我们这些从事儿童工作的人需要关注婴儿或学步儿显露能力的各种方式。我们需要观察注意他们所注意的东西。我们需要对他们表情的变化进行记录,或是记录他们关注对象的变化,或是他们的呼吸频率,抑或是任何他们的心理特征。只要是我们听到的、看到的,并想知道他们究竟要告诉我们什么的,我们就要进行记录。这是能获得回报并得到启发的,值得尝试。以下是一些来自父母记录孩子发展的观察日记(Karmiloff-Smith 1994)。

戴安娜(Dianne)(3周):无论我和杰克什么时候交谈,孩子看起来都会做出反应。她会挺着身体看向我们的方向——就像是有什么重要的事正在发生。这样的情况我研究过多次,是真的——她真的会对我们的声音做出反应。

(Karmiloff-Smith 1994：39)

本吉（Benji）（10周）：他似乎看我的脸多一些，但不仅仅是我的。当拉杰（Raj）抱起他的时候，他也盯着他的脸看。当我带他去公园，把他从婴儿车中抱出来时，他会盯着看他婴儿车的那些人的脸看。他似乎对看到人脸的兴趣大于其他一切。

(Karmiloff-Smith 1994：42)

值得一提的是，在意大利的瑞吉欧·艾米莉亚，记录婴儿和学步儿的每日进步被确认为很有价值，并且已经成了某种习俗。教师们理解这项工作（的意义），那些初为父母的家长对能收到教师每日给孩子做的发展素描非常感激。

2. 婴儿不仅是有能力的，而且他们是乐于交流的。在最初的几年中，他们花费大量的时间用于互动和交流。交流可以采用各种方式，比如手势、表情、声音、身体语言和其他的交流形式，而不仅仅是借助于口头语言。我们要注意婴儿所寻求的适宜他们这个年龄阶段的交流和回应的方式，这听起来很明显很简单，但实际上远比第一次出现时复杂。下面的两则事件发生在同一对母子身上，一则事件中，母亲以比较适宜的方式对孩子进行了回应，在另一则事件中的回应方式则稍稍欠妥。在这则稍欠支持性的例子中你可能会看到自己的影子。我们并不是在含蓄地批评这两个例子中的这位母亲，她已经在她的情况下做到了最好。提供在这里的案例只是为了帮助你思考回应的方式。

奥斯卡（Oscar）（15周）：奥斯卡已经被安置到床上了。他刚吃饱，暖和和的，干爽卫生。十分钟后，他开始尖叫，无法安慰。他妈妈进房间抱起他，一边轻抚着一边说："哦，孩子，这是怎么啦？是不是肚子不舒服啊，给你揉揉你的小肚子会不会舒服些啊？"

奥斯卡（15周）：奥斯卡已经被安置到床上了。他刚吃饱，暖和和的，干爽卫生。十分钟后，他开始尖叫，无法安慰。他妈妈进房间抱起他，拍着他厉声说："别再这样啊，我可不要再换床单了。"

当孩子会说话了以后，成人的回应或许会变得容易，但事实上成人通常并不关注孩子究竟在关心什么，教师和保教工作者尤甚。在家庭的日常情境中发生的互动通常是关涉共同的兴趣或共同参与的事件的。实践者需要做的事是让儿童感受到我们对他们谈论着的事情很关注。

3. 布鲁纳说婴儿和年幼儿童是善于提出假设的人。这意味着在他们遇到人或事情的时候会问自己问题（而不是先说话）。他们会问事情为什么发生，事情是怎么发生的，事情在哪里发生的，等等。我们这些从事儿童工作的人需要对这些含蓄的问题有充分的意识，以此作为理解儿童出现的一些看起来是随机的行为的方式。以下是可以用以阐释这个问题的一些事例，请特别注意我在括号中的评论。

卡梅隆（Cameron）（9个半月）：当他在扔一个玩具的时候，表情很有意思。（他可能在问自己："它去哪儿了呢？"）当他坐在高椅子上的时候我拿给他一篮子玩具，他把它们一个个拿出来并有意地一个个扔出去，然后再寻找它们。（他这时的问题或许会是:"它们都会掉到地上吗?它们都会是一样的方式吗?")

(Karmiloff-Smith 1994:111)

哈勃丽特(Harpreet)(将近12个月):她喜欢被放在户外的一个装水的大桶里。给她两把汤匙,一把是完好的,另一把上有很多裂缝。她分别举起两把汤匙并专注地观察,看会发生什么现象。(她的问题或许是:"为什么水会从一把汤匙上流下来却不能从另一把上流下来呢?")

(个人观察)

莱拉(Laila)(3岁零2个月):莱拉喜欢将东西从一边移动到另一边。她把树叶和细枝用篮子装起来,从花园运到小屋并将它们取出,然后再去取更多树叶和细枝。然后她把这些搬进室内的东西又运到户外。(她的问题或许会是:"我可以把这些都装进篮子吗?它们在外面和在里面是一样的吗?")

这样的行为在皮亚杰的著作中常有讨论,他把这种重复出现的行为模式称为图式并视之为思考的证据。

4. 布鲁纳深知认知发展的两个条件:互动和自我发起。在前面的章节中我们讨论了互动及其对实践的启示。自我发起意味着让婴幼儿自己来决定做什么,这对我们的实践是很有启发的。很多机构中的主导活动都过于正式,要求儿童做很多诸如写名字、数数、分类物品、涂色等活动。儿童需要机会去选择做什么、怎么做以及和谁一起做。换句话说,儿童需要受到鼓励去追随他们自己的兴趣,去寻求有关他们自己假设的答案,他们要游戏。

5. 布鲁纳的一些早期作品曾被断章取义地误用于缓解社会不平等现象。在布鲁纳看来，这是很具破坏性的，他深刻地洞察到保育、教育项目是不能在一个有缺陷的模式中运行的。所有的孩子都是个体，都来自于由不同的经验、价值观、系统、信仰以及语言和文化所构成的不同的社会背景。教育者及实践者不应该对任何经验和文化做价值判断。这样的判断会对人们及他们家庭的自我价值感产生严重的负面影响。更确切地说，实践者应该尽可能地去了解他们的经验、语言和文化，并在此基础上为这些儿童提供发展的机会。

回顾与展望

在这一章中，我们观察了布鲁纳对婴儿研究兴趣的思想观点。我们一开始检视了他关于新生儿是有能力的观点，然后继续关注这方面工作的结果。布鲁纳关于婴儿能力的研究结果令美国政府思考有些婴儿是如何被剥夺了机会，并寻求补偿的方式，也让我们去关注有关教育期待的问题，教师或养育者的期待对儿童和家庭产生直接的影响作用。继而我们关注了在当下家庭背景中的婴幼儿，他们既是角色的扮演者，也是规则的制定者。这章的结尾部分我们讨论了对实践的启示。

接下来我们将关注口头语言的发展和习得。

5

CHAPTER FIVE
From communicating to talking

第五章
从交流到谈话

引言

本章我们将关注布鲁纳有关语言的思考。婴儿是如何掌握语言的，他们生活中的其他人，在此过程中又扮演了什么角色？哪些在儿童掌握语言前就具备的认知技能可帮助他们通过语言习得文化？我们将从布鲁纳这方面的观点开始探讨。我们也将关注那些为布鲁纳的思想观点提供基础的人物比如说乔姆斯基（Chomsky）的观点，我们还会去关注那些在儿童语言习得过程中有重要贡献的角色，比如孩子的母亲或其他最初的照料者。本章的结尾部分将和大家一起来关注所有这些思想对实践的启示。

最初的认知天赋

实验室测试证明，婴儿天生具有让他们成为语言习得者的技能、感知觉和解决问题的能力，布鲁纳称其为最初的认知天赋。然而，他也很清楚，实验室测试是在一种看起来文化无涉的环境中进行的。由于文化和情境在人类婴儿的学习和发展中起着如此重要的作用，因而这个结论并不可靠。他讨论了从该研究中得到的四点结论，我们将逐一检视。

1. 结论一是许多的认知过程都发生在婴儿有目的的活动行为中。

简单来说，这就是婴儿会对他所处的世界主动寻求规则和模式的证据，这是与其他任何物种的幼代所不同的方面。为了证明这一点，布鲁纳告诉我们关于婴儿无营养吸吮的故事，即婴儿的吸吮不是为了得到食物。我们知道所有的哺乳类动物生来都具有寻求喂食，和最初的照料者建立依恋关系以及跟他的外部世界建立联系的能力。布鲁纳说这些都是防止婴儿过度反应的缓冲。婴儿可以是为了吃奶而吸吮，也可以在噬手指或橡皮奶头的时候吸吮。这种无营养吸吮的行为帮助婴儿放松肌肉、保持平静，从而起到缓解的作用。这种行为很有可能是先天内置的。但几周大的婴儿就会根据他们的目的而控制他们的吸吮动作，就像我们前面所看到的婴儿会为了提高所看图片的质量而将看和吸吮的动作联系起来。在婴儿的控制下，一种内置的行为逐渐变成了目标引导的行为。巴班斯基（Papousek）证实了不满10周的婴儿能为了打开闪烁的光阵而转头。被试婴儿的行为涉及了对模式加以注意、预测什么可能发生、变得习惯于某事后渐渐厌倦因而改变他们的行为。婴儿可以通过协调动作完成一些事情。让我们回到聪明的婴儿。

2. 结论二是有证据表明1岁到1岁半的婴儿的活动是有着社会交往和交流的。

许多的证据都表明对婴幼儿最为有效的强化物是积极的社会性回应，例如微笑、拥抱、亲吻以及积极的评价。相反，如果抑制社会性反应会导致婴儿感到痛苦，以致哭泣或发脾气。几个月大的婴儿证实了他们既能模仿别人的面部表情和姿态，也能因为哺乳的母亲戴着面具而表现出压力反应。当母亲或其他照料者和孩子玩的时候不笑，在他们交互的过程中婴儿也会表现得更加严肃。实验室有证据表明有关婴儿和其照料者之间的互动就像是二重唱。婴儿会对照料者的心跳、声音的语调以及他们面部表情做出反应。相应的，照料者也会对婴儿对他们的反应做出反应，等等。

3. 第一次读结论三的时候看起来似乎非常直接。许多婴儿的行为动作发生在他们熟悉的、有限制的环境中，起初是在家里，这样的行为具有有序、系统化的特点。

你会知道大部分婴儿是在安全、具有支持性氛围的家里或小区中度过他们的许多时间的。你也会知道他们大部分时间只是用来做有限的几件事情。以下几则轶事记录可以帮助你确认。

● 玛娜（Mina）将一根彩带的一头系在她宝宝的脚上，另一头越过小床系在一辆小汽车上。一开始宝宝偶尔踢起小脚导致了汽车移动，然后宝宝就一次又一次地不停地踢。过了一会儿，玛娜让宝宝看着她把彩带从脚上取掉，尽管汽车不动了，但宝宝依旧踢着。

● 瑞泽（Reza）将一只塑料盒子从一只手递到另一只手，持续了二十个来回。他在做这件事的时候，他的眼睛一直盯着这个塑料盒子看。

● 伊莎（Isha）把所有东西都扔到了地上：一朵花，一片叶子，她的碗和汤匙，她的玩具和她母亲的围巾。

4. 结论四是婴儿的系统化行为极其抽象，令人惊讶。

布鲁纳认为，出生一年的婴儿可观察到的行为证实他们已经发明了用来理解时间、空间甚至是因果关系的规则。我们可以以一些从研究中得到的结论来作为支撑。

- 当婴儿看到一个移动的物体，从屏幕后面出来时改变了形状，他会觉得惊讶。婴儿的规则是什么？物体即使消失在视野中也不应该改变形状。
- 当一个远程控制的小汽车驶向婴儿，然而看不见任何使它移动的动力，婴儿会表现出惊讶。他的规则又是什么？如果没有别的东西让它动，物体是不会移动的。

布鲁纳引用了皮亚杰的理论来分析，即当儿童开始关注事物恒定不变或变动不居的现象时，他就在向逻辑思维发展了。在这个过程中，他们会创造并运用他们自己的规则去解释他们所注意到的现象。在上面的案例中，我们可以看到婴儿在操作中表现出来的两种规则：物体即便消失不见也不会改变形状，以及没有外力驱动，物体不会移动。当你继续往下阅读，我们会记住创生规则的重要性。婴儿出生便遭遇的一个信号系统是语言的信号系统，是有其内在规则的。这个抽象的过程是婴儿形成关于这个世界以及其中的人和物的假设的基础。

实验室研究或文化无涉实验的结论表明：

- 婴儿是事实的建构者；
- 他们具有高涨的交往热情；
- 他们最早的行为和互动发生在熟悉的环境中，是有秩序的、系统的；
- 他们积极思考，这种思考具有抽象的特征。

布鲁纳认为婴儿的这"四种天赋"构成了帮助婴儿习得语言的基本过程，他称之为：方法-结果准备、交易性、系统、抽象（Bruner 1983b：30）。它们不会让婴儿获得语言，但是让婴儿能在非语言经验的基础上建立语言习得所需要的规则。这个很复杂，很难用语言描绘清楚，但如果你继续阅读，你就会明白布鲁纳所说的是什么。

学习语言：聪明的婴儿开始说话

你将了解到几乎所有的婴儿在出生一年左右的时间里就会运用口语进行交流。一些例外通常是由于认知方面或听力受到的损害导致的。我们知道，人类婴儿在学习母语或其他语言的词汇及语法时是不需要经过特殊的课程教授的。究竟怎么发生的？这至今仍是许多学派激烈争论的问题，也是布鲁纳感兴趣且深受困扰的。

他指出关于语言习得的思考始于公元四世纪，已有很长的历史。在圣·奥古斯汀（Saint Augustine）的著作中，他基于自身的经验这样描述：学习语言的过程是当他听到身边的大人正在说着某物体的名称时，他正在看着该物体。此后，他又在不同的句子中多次听到这个单词，他渐渐就明白了这个词的意思并学会去说了。在这么久远的时代就能这样去描述（尤其清晰地强调了情境在语言习得中的重要性）是非常有意思的，但不久你就会意识到对于日趋复杂的语言习得过程，这个理论的解释力是有限的。这只是指向命名、重复以及模仿。这个观点风行了几十年，斯金纳（Skinner）是著名的支持者之一，布鲁纳对其是持蔑视的态度的。众所周知，斯金纳将婴儿视为等待经验去书写的白板，这些经验既可以是有回馈的，也可以没有。对他而言，学习的本质就是对"正确"行为的强化。儿童，因能表达出经过父母或照料者纠正过的话语便能获得一个微笑或拥抱的回馈：这确保了儿童在后续的情境中做出相同的反应。可见这种方式是多么有限。

这个关于语言习得的简单观点主要遭到了诺姆·乔姆斯基的挑战。他对儿童习得语言提出了一系列全新的质疑，也正是这些问题促使他形成了他自己更复杂也更具说服力的理论。他的问题如下：

- 婴儿是如何能够将词连成能让他人理解的句子的？
- 婴儿是如何能够表达那些他们以前从未听过的词组和句子的？如

果语言习得大部分基于模仿,那类似这样的例子,"我看到(seed)并感到(feeled)了这不是一条狗",儿童不可能听到他身边有人这么说过。

● 那些儿童身边的熟练使用语言的成年人所不可能犯的错误,儿童为什么会犯呢?

布鲁纳告诉我们,乔姆斯基关于这些问题的答案基于先天论,意思是他相信思维产生观点并非源于外在资源。乔姆斯基对语言的结构很感兴趣,他的理论是人类婴儿在出生时就自带了帮助婴儿理解语言的装置(当然这是不可见的,仅是想象的),他称之为语言习得装置(LAD)并且认为一套普遍的语法(他称之为语言的深层结构)是其基础,这是人类与生俱来、不学而能的。儿童听到以及后来看到的语言(表层结构)是可以抽象出规则的,这些规则可支配语言并使语言表达成为可能。这里很重要的是需要重提规则的概念。所有的语言都是有其内在规则的。以英语为例,名词变复数形式的规则是加上字母"s",但这个规则也是有一些例外的。有些名词变成复数是不同的:如"儿童"的复数形式(child-children),"老鼠"的复数形式(mouse-mice)或是"女人"的复数形式(woman-women)。在英语中对于已经发生过的动作的动词变化也是有规则的——就是变成过去式。规则是在动词后面加上"ed",同样,这也有例外:"go"的过去式是"went","see"的过去式是"saw","fly"的过去式是"flew"。当儿童首次使用名词的复数形式和动词的过去式时,他们会模仿他们听到的成人的正确的使用方法。然后当他们抽象出规则并且广泛地运用这些规则时就会出现错误了。他们会遵循规则但却会犯语法错误。他们说"The mouses goed into the hole."时,你会意识到没有一个熟练会话者会那样说。这是乔姆斯基所谓的"异常表达"。这意味着光靠模仿是无法习得语言的。在某种特有语言的习得过程中,与此直接关联的有单词顺序、语调模式以及其他许多的规则。相比其他的语言，英语的过去式种类还比较少。威尔士语的语调不同于其他地方的英语。中国汉语普通话和英语不同，有不同的声调。这是个很吸引人的领域，你可以进一步去阅读。

对布鲁纳而言，这个观点虽极端但却是非常重要的。它使得对斯金纳语言习得理论的简单解释感兴趣的那一代人得到了思想上的解放。它真正使研究的注意力投向了规则学习，为建立新的理论开启了可能性。这也是布鲁纳自己转而踏入该领域并沉湎于语言习得装置（LAD）和语言习得支持系统（LASS）的开始。

语言习得支持系统

布鲁纳注意到乔姆斯基对在语言习得过程中的互动的重要性关注很少。很清楚的是，语言的发展涉及两个人之间的协商。因为交流必须在一个说者和一个听者之间发生，要有一个用来"讨论"的共同的主题，以及参与和关注对方在做什么和说什么的能力。布鲁纳认为儿童要能抽象出规则，必须之前有过一段时间不断交往和概念化的经历。他声称这些经验必须是在儿童日常和熟悉的机构中获得，他称之为格式（formats）。就是这些常规活动构成了他的语言习得支持系统。

布鲁纳提出了他的语言习得支持系统支持儿童从前语言发展成语言交流者的四种途径。我们将逐一检视。

1. 成人已能够以熟悉和常规化的格式向儿童强调他们所知道的关于这个世界的特征，这里有基本的简单的语法格式，这对儿童很重要。其中一种格式就是一个可预期的、可重复的语言惯例。

- 一边把睡着的孩子托起，一边对孩子说"起来没事啦（upsy-daisy）"或其他一些伴着这个行为常用的词语。
- 一边挥手，一边说"摇摇手，跟爸爸妈妈再见"（或其他孩子母语中相当于此的话语)。

- 一边把一勺食物送到孩子嘴边,一边说"火车来了"等。

2. 成人通过鼓励和示范帮助儿童用词汇或短语表达意思,替代熟悉的手势和声音。这就是帮助儿童学习询问或请求的表达方式。

- 当婴儿指着桌子上的香蕉,嘴里发出声音,成人说:"哦,你是想要一根香蕉,是吗?"
- 当婴儿很沮丧地上下摇晃他或她的胳膊,成人说:"你想要什么?"

3. 儿童在游戏中做的事往往很可能是在假扮,这里有着丰富的学习和使用语言的机会。在假扮游戏中儿童会扮演不同的角色,因而他们会模仿不同角色的语音、语调的变化,以及角色所使用的词汇和语法。

> 4岁的巴尼(Barney),参与了角色游戏,探究死亡和毁灭。他说:"救命啊,救命啊!……我正在摧毁,这个国王,看不见的坏国王。他让我来抓你,如果我不肯,他就要用胶水涂我满身,我就会变成一座塑像!现在我都粘起来了,我掉进胶水监狱了。"
>
> (Paley 1988:118)

这种夸张的语言在想象游戏以外是很难听到的。

4. 当最初照料者和儿童之间有了许多常规活动格式的经验,他们就能从一种格式扩展到另一种。所以他们就能参与到帮助儿童使用比如请求、询问、指代等话语格式的活动中。

对布鲁纳而言,惯常形式和支架的关系非常紧密(我们在前面一章中讨论过这个问题)。在每日常规活动或重复的工作中惯常的形式提供了语言版本的支架。最初照料者和孩子通过语言表达共同完成某事的意图。在孩子还说不出来的时候照料者会帮他，当孩子能够自己说时照料者就希望他能自己表达。阅读是布鲁纳和他的同事一起研究的其中一种惯常形式。照料者和孩子一起看一本图画书。教师读着书或者谈论着图画，并委婉地邀请孩子加入。这样的分享阅读为孩子提供了自发指代或命名的机会。可以确信，阅读是种非常稳定的常规活动。布鲁纳说：

> 在孩子发展道路上，母亲一步步将孩子已经发展起来的各种能力整合起来——对指的意思的领会，对代表了某事或某物的声音的理解。母亲贯穿了整个过程，她是孩子的支架——引起他的注意；提出疑问；孩子还不知道怎么表示他想回答问题时，她就给他一个（示范），如果孩子有自己的方式，则不管是什么都予以肯定。当孩子能力有所发展时，她的标准就会水涨船高。孩子在刚开始时发出的所有声音她都会接纳。但每当孩子更接近于标准形式时，她就会再推进一点。当然，母亲在回应过程中期望的变化是根据她自己有关孩子能力的理论来调节的。

（Bruner 1983：171-2）

这非常详尽地给出了有关怎么支架以及什么是好的教学的真实画面，非常重要。这里需要照料者和孩子对某事物的共同关注，孩子在照料者的支持下一步步向前，照料者在他们的头脑中有着关于孩子能力的判断，他们从给孩子一些自我控制开始并据此调整他们的期望。对我们实践者而言，这是非常神奇并且非常重要的。我们讨论了期望，很明显，如果某人并没有期望孩子能加入，那他也不会邀请孩子这样做。同样地，如果某人对孩子的期望是能准确地复述故事，那他一定也会失望的。

一日常规在婴儿生活中的意义

确保干净、干爽，得到喂养、休息，以及保持健康是所有婴儿都该受到的待遇，我们称这种偶有变化的周期重复的事务为每日常规。这会发生在婴儿家里或在机构中。这表示孩子迈出了生命中重要的一步，他们开始发展和成人（父母或照料者）的关系，以及和同伴的关系。阿德西（Addesi），在她那篇出色的论文（2009）中，描绘了由博洛尼亚大学（University of Bologna）实施的一项行动研究，关于一日常规如何让婴儿去探究他们日常接触的音乐，并将其作为一种交流系统。她的论文受到了布鲁纳思想的影响，特别是有关格式和常规是如何让婴儿懂得了周期性的时间。似乎婴儿对这些在每日常规中重复的手势、行为和声音非常关注。这会让婴儿去参与所发生的事并且预期即将发生的事。通过在每日例行的那些事务中与成人或比自己有经验的人进行互动，婴儿变得能够影响和控制这些环节。比如，换尿片是比较复杂的一套常规，但不同的人来换尿片做法就会有所不同，说的和做的都会不一样。埃米利亚尼（Emiliani）对幼儿的日常生活颇有研究，尤其是对每日重复的活动尤为关注。阿德西引用了她的记录：

> 早期常规活动形式对互动顺序的反复结构化调节并规定了儿童赖以生存的生物节律，而这唯有通过每日社交生活的组织加以保障。儿童必须尽早掌握。
>
> （Emiliani 2002：54）

让我们记住布鲁纳对格式所下的定义：作为教师角色的成人通过重

第五章　从交流到谈话

复活动所呈现的重复性顺序。换言之，是成年人的日常互动行为使婴儿自发的活动具有了结构。

阿德西在她的研究中，观察了婴儿换尿片的常规。首先观察的是母亲和婴儿，其次是父亲和婴儿，最后是父母双方和婴儿。注意这是个小范围的研究，但研究结果却是非常精彩的。

他们发现母亲和父亲分别与孩子互动的方式是不同的，特别是使用的语音。母亲倾向于重复音节（意大利语），如"ta ta"或者"ba ba"，并且回应孩子的插入和模仿。她们通常会转回到文化中的歌曲或者韵律。相较而言，爸爸们在回应之间给孩子留出的空间更多，他们会允许孩子发明一些声音，不太会和他们文化中的歌曲韵律有关联。所以父母在这个互动中提供的音乐的质量——有关投入的范围、时间、节奏、音质等会影响到孩子在音乐理解方面的发展。最有意思的是最后一个环节中父亲和孩子间所发生的事情，两人表现出了极佳的配合，共同参与，默契同步。他们两个之间的呼应就像是两个音乐家之间的游戏。他们在发出声音的时候，注视着对方，模仿、回应。阿德西说这种行为不是天生的，而是在过程中共同建构的：由他们共同控制的行为每天都在进行，使得他们能够预测对方的手势，并能调整自己的回应。阿德西这么说：

> 非常明确，这就是常规的作用，它通过手势、情感和行为建构起格式或框架，来让幼儿控制时间和内容……这样孩子能够学习变化或加入新的元素，在此案例中，幼儿通过声音和有关怎么做的新的知识，发展他们的意识和共同建构的能力。
>
> （Addessi 2009：759）

游戏

布鲁纳对许多种类的生物进化和自然成熟都很感兴趣。人类有着比其他灵长类动物更长的幼年期，相应地，人类的另一个特征就是有着更长时间的母婴互动，或者称之为两者间的游戏。布鲁纳坚称这是由母亲发起的，目的是逗乐小孩子，以避免他们陷入可能遇到的挫折体验。布鲁纳称游戏可以防止人类婴儿过早地被拉入成人社会的生活。幼儿许多行为会在游戏中通过试验得到联结，相反，如果没有游戏幼儿就不会去试验让许多行为发生联结而只是在真实情境中去表现。鉴于这会被说成在坚持更西方的童年观念，我们需要谨慎地对待。婴儿在发展的过程中会和年长些的同伴及成人一起玩，他们会玩一些相同的游戏，在这样的游戏中，语言是最基本的元素。你会发现有些游戏就来自你小时候或是你成为父母或照料者的经验。在这些可以预期的游戏中，成人和孩子在愉快的互动中一边说着话一边重复着一些行为的顺序。其中我们最熟悉的游戏像"躲猫猫（peek-a-boo）"和"骑上小木马（ride-a-cock-horse）"，在全世界几乎所有不同语言的国家都存在类似的游戏。

布鲁纳声称类似这样的游戏为儿童提供了首次系统地使用语言与成人交流的机会，也是他们通过语言完成某事的初次机会。他说游戏是可以理想化的，并且是自给的格式，你可以设想游戏背后的深层结构和一整套的规则，正是这些规则使得表面看到的这些游戏得以开展。我们可以通过对一个"躲猫猫"游戏的分析来看游戏中隐藏着的又不时会显现出来的一些东西。

- 深层结构是人或物的消失或重现是被控制的。
- 表层结构是指如下所示的部分或所有：屏幕或布料抑或凡可用来遮挡人或物，使之消失又重现的各种材料；每个行为的时间安排；那些真实的话语或声音以及所选择的会消失的（对象）。

- 游戏被描述为非自然发生的：是被发明或是制造出来的，由各种可协商的规则将其连接起来。布鲁纳称这样的游戏是理想化的。
- 游戏中他们轮换角色时所使用的语言并不固定，是可以变动的。谁躲起来并不重要，总是有一个躲的人躲，一个找的人找。布鲁纳称其为交流原型。
- 游戏为（参与者）注意一系列事件发生的顺序提供机会。所以游戏是每一步都可以看作是给出一个解释的话题或主题。

如果你对这个关于游戏的主题情有独钟，推荐你阅读布鲁纳的《儿童的谈话》(*Child's Talk*)（1983），该书中描述了布鲁纳和他的同事一起开展的一个实验，实验对象是两个孩子，理察德（Richard）和乔纳森（Jonathan）。他们两个星期观察一次，记录孩子们的行为。刚开始观察的时候，理察德是5个月大，乔纳森是3个月大。这儿有一个游戏特别吸引乔纳森。这种躲起来又出现的游戏有多种形式。

- 乔纳森和他的母亲在玩了一系列的妈妈躲或者宝宝躲的躲猫猫游戏后，在他6个月大的时候玩了一种特别的游戏：一个小丑布偶消失又出现在一个布制的锥形筒上。这个过程中母亲一直在说话：妈妈问"这是谁啊？"或"哦，他不见了！会去哪儿了呢？"然后就是一声"Boo"，"他又回来啦！"母亲可以控制每次活动的时间，鼓励孩子去猜测，让气氛变得热烈。没有改变的是深层的结构：小丑布偶的消失和再现。对这个游戏的观察持续了4个月，过程中有一些特征在发生改变。乔纳森先是一个欣赏者，然后他开始猜测。母亲在游戏中所使用的语言也在变得越来越详细，很明显孩子是在她说话的提示下专注并参与到游戏中的。随着孩子长大，游戏中母亲的话语逐渐减少，有时只是伴随着一句"Boo!"或者是一些类似"别把那东西放进嘴里"的警告。

乔纳森在游戏中的行为变得越来越主动，8个月大的时候，他希望由他来控制消失和再现的过程，有时候如果不被允许，就会丧失游戏的兴趣。

对实践的启示

对从事婴儿或学步儿教养工作的人来说，本章讨论的语言习得是和我们的工作有极其密切的联系的，这是以往不太能意识到的。即便你的工作对象是稍大的儿童，也需要去关注这些观点可能具有的意义。以下的几个方面是值得我们关注的：

1. 我们要思考儿童是如何能发现一个系统（比如语言）或一个情境（比如一个特别的游戏）中所隐含的规则的，并且他们还能使用这些规则或加以改变。实践者要警觉当儿童在和成人或同伴交往时他们在做什么，需要思考儿童在参加什么活动并对他们的规则进行猜测。本质上说，这意味着你将相信所有的婴儿都是有能力的学习者，他们会利用一切有价值的东西——重要的互动——去发展他们的假设并形成规则。

2. 我们需要思考儿童是如何通过自己的经验发现了模式，并且以此为基础产生新的规则。有一种倾向，即所有的成年人都会误以为儿童一开始的行为或错误是不成熟、缺乏理解的表现。实质上，儿童的错误给了我们了解他们认知发展的窗口。这些错误（本章中所举的有关对规则过度概括，复数和时态等方面的错误）表明了他们如何提炼并使用这些规则。我们看到的是一开始在非常宽泛的范围内使用这些规则，直到他们在互动中体验到其中一个规则，即规则是可以被打破的。

3. 我们需要对婴儿的主要照料者通过什么行为在日常生活情境（如睡前、洗澡、吃饭）中和他们进行重复性互动从而支架婴儿的学习保持敏感。我们花了很多时间去讨论家长，某些地方试图让家长知道怎样才是好家长的做法。我们对某些家长优于其他家长的假设是基于我们的经验和我们受到的教育。我们应该做的是关注家长和照料者如何和他们的孩子互动，尤其是在家里的常规活动和惯例中。许多家长都有他们自己的游戏和惯例，通过讲话、节奏、对话、唱歌、抚触和表达就可以和孩子互动，帮助孩子了解这个世界；有些家长却不会，因此很有必要让他们懂得这些。这意味着我们需要制作一些小册子（确保小组中能获得不同语言的版本），给家长提供一些例子，让他们知道在他们给孩子换尿片、喂饭以及唱催眠曲的时候可以怎么做，并且要对为什么这么做给出一个简单的解释，说明这如何帮助婴儿学习参与并预期。互动不需要什么特殊的技巧，不需要资源，不需要训练，仅需时间和关心。一定要认真反思儿童在家或其他机构中所获得的经验，包括那些与你有不同语言和文化背景的人。

4. 我们需要确保日常生活中的常规和可预期的、重复性游戏在儿童学习过程中的重要意义得到强调。很多为婴儿提供服务的保教机构很清楚一日常规的意义，知道在保教机构中婴儿就是据此获得大量经验的。将此看作是重要的学习背景而不仅仅是常规活动极为重要。你和孩子的互动是非常有意义的。你可能阅读过著名的瑞吉欧·艾米莉亚的实践者是怎样来创设一些真实的学习情境的，比如：换尿片的时候唱歌，在换尿片的桌子上方放置镜子，孩子睡觉时播放音乐等。在和稍大一些的儿童互动时你会和他们玩一些可预见的、有重复性的游戏。将那些和孩子一起玩时用他们的母语唱出来的歌曲或游戏结集成册是很有必要的。

回顾与展望

本章我们关注了布鲁纳有关儿童如何掌握语言的思想，看到了他是如何受到乔姆斯基的先期研究的影响的。他认为乔姆斯基研究缺少了一个重要的因素：即社会交往的重要性，语言学习中的文化背景。布鲁纳的语言学习理论依赖于有能力的儿童这一概念,他列举了一些婴儿在交往中表现出意向的研究证据。懂得儿童能发现他周围世界的规则以及语言的规则的重要性是理解布鲁纳语言学习观点的根本。布鲁纳对许多家庭中的惯例或(常规活动)格式极其感兴趣,这些通常也都是浸入在语言之中。他相信这就是学习语言的根本。这些常规或格式可以看作游戏的先导。本章结尾部分回顾了我们学到了什么以及对实践的启示。

下一章我们将关注儿童如何开始使用口头语言去学习命名和指代事物及人。

CHAPTER SIX
Learning to name and reference

第六章
学习命名和指代

引言

这一章，我们将继续研究布鲁纳关于语言习得的思想，但首先，我们先来看一下所谓的"指代的发展"（Bruner 1983：65）。意即初学者对其感兴趣或相关的事物进行示意的能力的发展。如今，"指代"已成为一个过时的术语，但布鲁纳在20多年前写下这个词的时候，还是被广泛接受的。我们会发现常用的词语"命名"更为简明。布鲁纳以跨学科的研究方法，从指代的哲学理论的角度展开他的研究，我们首先来看看他对此的看法。接着，我们将进一步讨论更中肯的问题：共同注意的操控，探讨母亲或其他成人在讲话时将注意力引向某物（话语标记）的作用，随后我们观察儿童是如何获取对话和话语原则的。我们将首次看到布鲁纳关于语言习得的批评性建议。

你可以定位自己对此问题的立场。这一章的最后将提出对实践的启示。

了解一种指代理论

布鲁纳指出，当我们谈到"指代"时，我们指的是一个人向另一个人传递某些想法（或许以一种不太成熟的方式），在两人的沟通中，一个人能够理解另一个人所暗示的意思的过程。他依据对希拉里·帕特南（Hilary Putnam）作品的解读，指出以下四种假设是合理的：

1. 一个人必须能够向另一个人表示他们有一些共同介意的事物——用布鲁纳的话说就是"所指"。

- 埃维莉娜（Evelina）聚精会神地盯着一根香蕉，她转身望了望妈妈，然后又盯着香蕉看。埃维莉娜想吃香蕉。她能够将这一信号传递给她妈妈。她妈妈也能够理解孩子的想法。

2. 这种信号的传递可能是含糊的，也可能是明确的，对话中的两个人可能会意指同一件事，但理解不同。

- 当奇兹（Chizzy）还是个小女孩的时候，一次她妈妈谈到独角兽，然后就注意到奇兹面露惊异。妈妈问道："那是什么？"孩子答道："是不是艾米上学时穿的那个？"

- 弗朗西斯（Francis）以他儿子为例：当他和他姐姐坐在那吃饼干时，他说了句"我的箭没了"以吸引他姐姐的注意。他到底是什么意思呢？在这段交流中，他的妈妈非常了解孩子的需求、兴趣和现状，便断定他在跟他姐姐说他吃完了一块带弓和箭图案的饼干。

3. 这个过程必须以社交（与相互关注有关）的形式发生。

这里没有必要再举例了，因为这一整章都在探讨共同注意的问题。

4. 最后一点是指代中含有目标结构。

这不易理解，但或许一些解释和例子有助于理解。我们人类不会孤立地行动。我们会受他人的影响，无论是在家、在学校还是在其他的环境中。在这种情况下，无论是在什么环境中，总会取得一些收获。它可能具有竞争性，因为学习者之间可能会相互竞争；可能具有个体性，因为学习者可能会寻求个人成果；也可能具有合作性，因为学习者会和其他人一起学习。但要将这些交流方式归入某个类型并非易事。请看下面的例子，看看你是否能辨别每个孩子的目的。

● 威廉姆斯（Williams）（2004），在她的著作中描写了两姐妹在东伦敦玩学校游戏的情节，以此为例，瓦希达（Wahida）（姐姐）扮演老师，萨耶达（Sayeda）（妹妹）扮演学生。

> 瓦希达：现在我们要学习同音字。谁知道同音字是什么？好吧，我会告诉你一个，然后你要自己说一些。比如"watch"，它的一个意思是表示时间的手表，如"现在几点了？"；另一个意思是"我在看你。我能看到你……"那么，萨耶达，你已经写出来一些了吧？你能告诉我几个吗？请给我举三个例子。
>
> 萨耶达：哦，我想说五个。
>
> 瓦希达：不，萨耶达，我们没有那么多的时间。我们只有五分钟的展示时间。
>
> 萨耶达：儿子是女儿的反义词……然后太阳是……它能照亮天空。
>
> （Williams 2004：63）

经验较少的萨耶达在姐姐的引导下学习学校语言及文化。作为"老师"，瓦希达能够向她展示她对学校常规活动和语言的理解。她演示了通过校园常规活动支架学习的过程，对此她非常熟悉，尽管她的妹妹并非如此。我们可以认为她是为了巩固在校所学的知识而跟妹妹演练，但她并没有一个明确的目的。萨耶达加入这场游戏可能只是为了取悦她的姐姐。

实质上，我们要探讨的是一个人如何通过语言吸引另一个人的注意力。我们必须假定儿童生活在一个充满了语言的世界中，能够意识到这些模式化的声音是具有意义的。它们代表着不同的东西，如物体、人、地方、一些东西或想法。

● 在讲英语的环境下成长的孩子知道瓶子里白色液体的声音（或名字）是"milk"，而对于同样的东西，一个意大利小孩学到的是它叫"*latte*"。（例子中的东西叫牛奶）

● 小孩子知道当只有一个孩子的时候，我们称"child"，而超过一个时，我们称为"children"。一个以上就构成了一个群体，而一个群体与一个个体的称号则不同。

● 孩子会学到许多东西都可以被描述为红色，但像她这样的人只有一个（当然，除非她有个双胞胎姐妹）。

"指"可作为一种指代的方式

雷蒙德·塔利斯（Raymond Tallis）新近出版了一部了不起的著作，名为《米开朗琪罗的手指》（*Michelangelo's Finger*）（Tallis 2010）。书的封面展示了米开朗琪罗在西斯廷教堂壁画上所刻画的上帝伸出的手指。塔利斯是曼彻斯特大学老年医学教授，同时还是一位诗人、作家和哲学家。在这本书中，他着眼于人类特有的能力——"指"，并分析其重要性。

用食指指某个东西以引起对某物的注意力，这个简单的动作暗含了一些重要信息。它意味着用手指指的人（对我们而言这个人是指儿童）明白另一个人可以与他分享所指物品和他自己之间的这个空间。而且，另一个人也能看到儿童,就像儿童能看到他一样。儿童也必须理解,另一个人的眼神随着手指的指向,也在关注这一物品。因此,这里就有一个共同的视觉注意力。对塔利斯来说,这只是确定我们生活在一个共享的世界的开端。他指出:

> 指是一个世界共享、共有的一个最基本的行为。它不仅将我们共同的世界联系在了一起,而且还拓宽了这个世界,同时,这两个过程并不是分离的。当你指向一个我看不见的物体时,而且它确实不在我的视野范围内,你就是在向我证明一个在我感知范围外的世界的存在。
>
> (Tallis 2010:132)

这乍一听可能会觉得牵强,但请思考这个实例。想象一下你在公园里遇到一个手指天空的女人。在她周围有一群人都仰望上空,努力想要去看清那个女人在指什么。你抬起头,确信在你的注视下天空中一定有什么东西会令你感兴趣。

然而对于婴儿来说,"指"(的动作)会被语言所取代,从而以"指"形成的共同注意的世界会被语言所构成的共同注意的世界所取代。但也有必要考虑婴儿为了使"指"作为一种指代,要对自己和他人了解到什么程度。

众所周知,灵长类动物能让其他动物追随它的注意力,而且也有证据证明这一点,然而却只有人类能够用具有象征意义的方法来做这件事,如:话语、标记、符号、手势、语调模式及用手指指,等等。我们已经谈论过婴儿是如何在对大人的观察中开始关注变化,以及如何开始以大人的视角观看的。我们已看到孩子是如何发觉语气、语调或面部表情的变化与不同的话语内涵的联系的。布鲁纳称,他们的指代系统是很开放的。需要牢记的一点是对人类而言，语境是至关重要的。人类用语境的变化来提供重要的线索，从而实现共同分享语义。布鲁纳从语言学中引用了一个不太常用的词"指示"来解释。指示是指需要借助语境信息来理解话语中特定的单词和短语的现象。既含有语义意义又含有字面意义的词的意思可能会由于时间和/或（and/or）地点的变化而变化，这类词就是指示语。因此，一个单词或短语的意思需要参考语境信息，例如：英语代词就是指示语。平克（Pinker）（1994）对这个复杂的语言学问题做了很好的解读。他说具有意义且对语境必不可缺的主要单词都是一些小词，如："一个（a）"和"这个（the）"，"这（here）"和"那（there）"，"这个（this）"和"那个（that）"，"我（me）"和"我的（my）"，"我们（we）"和"你们（you）"，等等。如果你仔细想一想，就会想到许多小孩子因这些单词而困惑的例子。

举例为证。词组"杀死了一个（a）警察"和"杀死了那个（the）警察"看似相同，但请看在语境中是怎样的：

- 一名14岁大的警察之子，因成绩不好而受到惩罚，一怒之下从家里向外射击，杀死了一个（a）警察，同时有三人负伤，随后该男孩被击毙。
- 一名14岁大的警察之子，因成绩不好而受到惩罚，一怒之下从家里向外射击，杀死了那个（the）警察，同时有三人负伤，随后该男孩被击毙。

（Pinker 1994：76）

除了不定冠词（"a"）和定冠词（"the"）的不同，其余的叙述都相同，但在不同的语境中意思却完全不同。

操控共同注意

早在共同注意流行之前，布鲁纳就已经谈论过对共同注意力的操控，这一点是很有趣的。你可能知道最近英国的一个项目，即在少儿教育阶段就进行语境练习，让练习者和学习者共享注意力。据说当幼儿和成人或更有经验的学者的注意力在同一个东西上时，他们之间的交流就更富有意义，更有效。当然，布鲁纳也考虑到了指代的发展，并认为它从婴儿时期，在婴儿与母亲或其他婴儿照料者之间的眼神交流中就开始萌芽了。而母亲或照料者对这种注视的回应则是声音，不久之后，孩子也加入了发声的行列中了。在婴儿出生后第2个月末，这种眼神交流加上发声的惯例就形成了，母亲和孩子就开始轮流进行，如一方暂停，另一方接替。这是丹尼尔·斯特恩（Daniel Stern）在1982年一次会议上展示的论文中提到的（Stern 1982）。

布鲁纳的研究是建立在丹尼尔·斯特恩的研究基础之上的，斯特恩阐释了当母亲（或其他婴儿照料者）开始引导婴儿关注一件物体，从而用一件可见或有形的物体来达到与婴儿共享注意力时会发生什么。在布鲁纳的实验中，他观察乔纳森（在前面的章节中有提到）在3个月大的时候与母亲之间的事情。母亲用两种方式来引导乔纳森关注目标。一种是她把物体放在她和孩子之间，然后用眼神和孩子交流，随后移动物体，同时发声，用独特的歌唱语调说"看这个漂亮的娃娃"，以此来吸引孩子的注意力。另一种方法是把孩子正在关注的物体拿走，然后放在他们两人之间，接着再移动，同时发声。布鲁纳曾经说过移动是一种吸引孩子注意力的方法，同时又能确保双方都在关注同一个物体。他称之为"突出对象"。当孩子开始发声之后，这种行为就逐渐退出表演项目了。在孩子1周岁之时，几乎完全消失，在随后的时间里，发声就占据了主要地位，而更复杂的语言也将逐渐发展。这就是布鲁纳所说的"目标游戏模式"，即一种浸入在语言中的重复行为（或格式）。

　　这里还有另外一个例子。玛丽·洛根·赖安（Maire Logan Ryan）的工作是帮两位母亲照看她们1岁大的孩子。两位母亲都是英国格拉斯哥本土人，赖安发现她们在转移孩子注意力的时候都更倾向于使用升调。有趣的是，母亲使用升调比用平常的语调会导致孩子更加关注他们所注意的东西。布鲁纳认为对共享注意力操控的初始阶段是由母亲掌握的。也有其他实验表明，当母亲看向一个更远的物体时，孩子会追随母亲的目光。

　　随着幼儿的成长，他们开始"指向"——起初是用眼神，随后是用手指，这样看似是孩子掌控着共享注意力。可见"指"在孩子形成行为意识中发挥着重要作用。托马塞洛（Tomasello）提出了"注意映射假说"（Tomasello 1992），即由照料者和婴儿组成的二分体在注意共享时会采用两种互动模式的结合，这也会影响他们学习单词的方式。其中一种叫作"注意力跟随"（AF），指照料者跟随幼儿的注意力；另一种叫作"注意力转变"（AS），指照料者将幼儿的注意力从他所关注的物体转移到另一个物体上。AS模式需要幼儿转变注意力从而使双方能够关注同一个物体。AF模式并不需要幼儿转变注意力因为他正在关注的就是共享的目标。撒克逊（Saxon）和赖利（Reilly）（1998）认为AF模式更有助于学习单词，因为指出目标名称的是照料者。

　　如果你对此感兴趣，还有许多材料可供你阅读。理解主体间性这个问题是至关重要的，因为它对孩子的学习具有巨大影响。现在，你应该了解了主体间性是一种理解他人感受和目的的能力，也是聪颖的婴儿从小就开始发展的能力。

语言和能力

布鲁纳对语言学习采取了一种心理语言学的观点，其令人惊讶之处在于他强调了文化和语境的重要性。巴兹尔·伯恩斯坦（Basil Bernstein）和迈克尔·福柯（Michel Foucault）提出了一种更注重特定学习环境的对话本性的观点（Inghilleri 2002），这种语言环境促进了语言的学习，也更加注重语言和能力之间的联系。

巴兹尔·伯恩斯坦在早期关于语言和教育的争论中担当着举足轻重的角色。他于20世纪50年代开始研究，并提出儿童是借助于语言才学会了运用感知和思维。他认为讲话（他称之为"符码"）有多种方式，并且与讲话者的社会阶层直接相关。工人阶级家庭出身的儿童与中产阶级家庭出身的儿童的讲话方式不同。他将工人阶级家庭的符码称为限制符码，将中产阶级家庭的符码称为精致符码。你可以想象得到，这种观点并不受欢迎，因为它将工人阶级家庭出身的儿童的语言定义为一种带缺陷的语言。在你认同这种观点之前，你需要知道伯恩斯坦和其他社会语言学家一样，受维果茨基研究的影响，视语言为一种象征性的行为方式。他是最早认为语言既具有象征性又具有调解性的语言学家之一，并且也认同文化对语言的重要性。

批评家认为伯恩斯坦的这些观点是一种批判而非评价。让我们再详细地看一下。一些粗略地阅读过伯恩斯坦的作品的人认为伯恩斯坦所说的意思是限制符码不如精致符码。事实上，他的本意是符码是在特定的环境下发展的，也会被该环境和文化下的其他人共享。然而，精致符码更适宜于正式教育的要求。限制符码并非指它的词汇量是受限的，而精致符码也并非指文辞华丽。它们两者之间的重要区别在于它们适用于什么环境。对共享着大量想当然知识的群体环境，限制符码是非常适宜的。它更精确，更简练，能够用几个单词表达意思，因为本该说的许多话都可通过共享文化获得。

下面两例分别是两种符码，请读一读，看你是否能辨别它们。

- 撒切尔做得真及时！
- 我在电视上看到玛格丽特·撒切尔讲话，她讲的关于矿工的话让我确信她这次真的会解决罢工问题。我认为她正在各工会开展支持运动。

第一个例子假定听众对玛格丽特·撒切尔的背景以及她对待矿工的态度持有共同的看法，因此它利用了一系列共享的内涵和背景知识，而说话者面对的也是一个见解相同的群体。这就是限制符码。第二个是精致符码，它讲出了所有的信息以便让每个人都能听懂。尤其是高学历者要求学生在讲话或写作时，能够用详尽的语言来表达，从而使那些并不了解说话者或作者的历史和经历的人也能理解。精致符码的使用者也能且会使用限制符码，但反之则行不通。

伯恩斯坦的作品出版后多年都无人问津，直至近来才重获评价，得到认同。有趣的是，在南非，种族隔离结束后15年，来自纯黑人乡镇小学的孩子都没有考上大学，而那些来自曾经一度是白人乡镇的学校的孩子则不然。伯恩斯坦能够解释这些乡镇学校所发生的事情吗？他并不认为这是学生、家庭、社区或语言的问题，而是学校的问题，因为学校没有设法培养学生在特定的环境下使用精致符码的能力。

伯恩斯坦最重要的成就是他认为能力影响语言。他对维果茨基的最近发展区理论（在本书的前面章节有所提及）很感兴趣，而且他视之为对社交世界的认知表征。他认为意义和文化工具——书、词汇及符号系统都隶属于不同且不平等的社会规范以及传递和获取知识的态度。他最大的兴趣在于教育学，他坚信教育能给孩子带来意义，若无教育，则没有意义可言。布鲁纳受巴兹尔·伯恩斯坦和伊凡·伊里奇（Ivan Illyich）作品的影响很大。在1970年，他写了一篇充满激情的文章，名为《贫穷和童年》(*Poverty and Childhood*)，在文章中，他激烈地指出，教育既不会使偏见和社会（或种族）不平等永久存在，也不会使其制度化。

对实践的启示

麦克唐纳（McDonagh）和麦克唐纳（McDonagh）(1999)将他们曾经写过的一章命名为"学着说，说着学"，而这也正是我们在做与儿童相关的工作时应该谨记的。实践的意义很直截了当，但是却相当重要，并且他们都与共同的注意力焦点相关。布鲁纳关注婴儿日常行为的重要性，这一点在现在看来是个智举，许多机构都认同日常生活中反复发生的一些事件是学习的好机会。布鲁纳检视了关于母亲或者其他照料者如何在不知不觉中本能地教导婴儿的研究文献，而这种教育行为往往出自于他们对婴儿兴趣和需要的了解。他们朝着孩子视线的方向看，观察孩子的反应，在言语中做这个工作而后建立了互动的关系。有时候孩子的注意力会被照料者的注意力所吸引，有时候照料者的注意力会被孩子的注意力所吸引。所以根据布鲁纳的观点，成人可以为促进儿童的学习提供支架。由此产生的以下建议可供实践者参考：

1. 我们要确保我们提供的活动是基于儿童经验的，其中一些是他们熟悉的、日常的活动。儿童在这些活动中会对成人的暗示做出反应。可以想想在你的日常生活中的日常行为：讲故事，吃晚饭，圆圈活动，换尿片，喂食，唱歌等。

2. 我们要确保我们尽可能多地了解儿童的早期语言经验或儿童家庭中所使用的某种语言或多种语言，并且我们必须确保对家庭中使用的此种或多种语言不作评价。我们需要尊重差异，避免去关注其不足。

3. 我们要在与儿童个别或小组交流中通过对语言使用形式和功能的示范来让儿童学习成为言说者和倾听者。另外，我们应确保机构中常常有交谈声，教师要鼓励儿童提出问题而不仅仅是回答问题。我们需要倾听儿童，对他们所说的话表现出兴趣。我们必须对儿童的话语感兴趣，这是不言而喻的。

4. 我们需要为儿童讲故事或读故事，并邀请他们来讲述他们自己的故事，或者有时候他们会选择表演出来。

5. 我们组织的活动要对儿童有意义，让他们有一个明确的并且与他们兴趣有关的目标。最好的实践活动要根据我们已知的儿童的兴趣来组织安排。想一下你也许会安排这样的活动：沙水游戏、建造、剪贴等其他与做东西相关的活动；过家家等类似的想象游戏；弹琴、画画、唱歌、跳舞、故事会、种植、做饭，等等。

6. 我们需要密切关注的是活动的哪些方面能让儿童感兴趣，而后与他们一起乐在其中。这意味着我们要把控制权交给儿童，并且不要通过问问题来测试他们，除非，这些问题与他们正在参与的活动密切相关。

回顾与展望

在这一章我们观察了儿童如何给事物命名和指示。尽管这听起来很简单直接，但我们发现这其中内涵复杂。例如知道其他人有思想、想法和感受，知道我们是与其他人共同拥有一个世界，知道其他人想要与我们交流并且我们可以使用一系列的表现方式和交流方法：除了用语言还可以用手势、语调、身体语言、眨眼。我们观察到与另一方交流需要一个共同的注意点。除非婴儿或儿童与他人正在关注同一事物或者人，否则他们不会有交流。

我们还涉及了关于语言和能力的难题，我们了解了伯恩斯坦在20世纪50年代着力研究的一些成果，如分析了语言本身会使一些人在学校环境中无法获得成功的原因。伯恩斯坦的一些读者过于望文生义，从而被他的想法所困扰。总结了对实践的启示后，我们本章所说的内容就告一段落。

下一章我们会聚焦布鲁纳关于儿童如何学会请求和提问的观点。

CHAPTER SEVEN
Learning to ask and to question

第七章
学习请求和提问

引言

本章我们继续分析布鲁纳在语言习得方面的观点，从分析儿童如何学习指代（命名）开始，到关注儿童学习布鲁纳所谓的"请求"。我们检视对于请求和提问，学习者必须了解的是什么。这意味着儿童必须渐渐懂得请求的句法或语法规则，也要了解语调模式的变化。下面我们来看看布鲁纳提出的三种类型的请求：

1. 物质请求；
2. 邀请某人加入的请求；
3. 求助。

需要牢记的是，语言学习的各方面是在情境中发生的，我们将家庭和社区中的儿童看作学习语言的新手，分析一些关于共同注意和共同意图的研究。在本章的最后，我们讨论儿童通过学习成为有效提问者的重要性。我们将注意力转向瑞吉欧·艾米莉亚在这方面提供的准备，布鲁纳与此有着密切的关系。

物质请求

布鲁纳告诉我们，请求某物或提出要求是深植于语境的。他的意思是无论我们想要什么帮助或服务，物品、信息，或认可，我们都必须考虑很多事情。我们可能需要考虑儿童与其他人的关系，受儿童文化所框限的提问方式，儿童的意图，以及交流发生的地点。例如，家庭中的请求方式几乎肯定与一些正式场合如诊所或教室中的方式不同。众所周知，布鲁纳的研究主要关注母亲或照料者与他们的孩子，他提出，最早的请求是与请求某事或某物相关的。让我们来看一些儿童提出请求某物的例子，看看我们是否能明白，关于被请求对象，什么是发出请求的人（儿童）必须弄清楚的。

- "多　水"：16个月大的克拉丽萨（Clarissa）向妈妈要水喝。

克拉丽萨知道妈妈是食物和水的来源，而且妈妈会答应她的请求。

- "给　车"：20个月大的荷默特（Helmut）向他的朋友罗利（Rory）要一辆玩具车，两个孩子都很想玩这辆车。

这个请求可能不会成功，也许是因为荷默特和朋友的关系远远比不上他和母亲、照料者或兄弟姐妹的关系亲密。他不知道他的朋友会答应他的请求，一定程度上是因为这辆玩具车满足了双方交流的需要。

- "我　杯子"：这是15个月大的拉威（Ravi）在奶奶把一

个杯子递给他时说的话，但是他摇着头，重复他的请求，奶奶意识到他要的是一个特殊的杯子——他最喜欢的那个杯子，把它加上了"我（宾语）"的标签，意思可能是"我的"。

拉威明白奶奶很了解他，能够允许他拒绝她第一次提供的杯子。奶奶非常爱他，所以非常希望给拉威他真正想要的。也许如果他处于正式一些的环境下，他将因为环境中的某些限制，不得不调整自己的请求。

一项在美国进行的研究，调查在提供低质量保育的环境中改善共同注意是否会促进幼儿的语言发展。研究者选取了44家保育中心，他们都同意参加此项研究。有半数保育中心的员工接受培训，内容是如何改善活动中与幼儿的共同注意，在接下来的时间内对他们进行观察。其他保育中心不接受任何培训，而是作为控制组。这是一次小规模研究，当然从中得出的结论并不可靠，但是结果很有趣，可能存在一定的关联。他们发现提供共同注意力活动的培训确实对学步儿的语言发展有积极作用（Rudd 2008）。

现在需要停一会儿来思考你如何在家庭或社区中用特定的语言表达请求。一些家庭要求语言带有些许正式性，这被看作是礼貌的行为。例如，说"请"和"谢谢"。一些社区将眼神接触看作是礼貌行为，而其他社区却将其认为不礼貌。照料者正是教授儿童以别人可接受的方式去表达请求的人。这里有一些例子，取材于个人经验和布鲁纳的著作：

- 你真的想要这个吗？你确定吗？
- 请不要大声叫。好好地说出请求。
- 不，敲击是不会产生它的。
- 不，尖叫是没用的。还有一些在你的盘子里，等你吃完了才可以再要一些。

- 你想要什么？这本书？不是。这本？

有些时候，儿童暗示他们想要一些够不到或者需要成人身体干预才能得到的东西。照料者的回应方式通常变成小型"语言课"，例如布鲁纳的例子中，理察德（Richard）想要炖锅（saucepan），却说成了"sos-man"。他的母亲回答："不，不是sos-man，是saucepan，中间是'p'。"（Bruner 1983：101）布鲁纳的分析认为这样的回应能够使儿童用真实和可识别的字词替换我们所谓的"宝宝语"。正如我们所见，儿童的请求提供了成长的沃土，因为照料者不仅教会他们语言，还有社会性行为。对布鲁纳而言，照料者或者母亲在儿童提出请求时，要特别注意五点重要事项：

1. 请求必须反映真实的求助需要。儿童做不到时，正是鼓励他们设法独自解决，尝试自己够到某物的机会。

- "你想要那块饼干，伸伸手就可以拿到！"

2. 必须坚持作息时间和生活常规。例如，孩子在快要吃午饭时想要一块饼干或上床后还想再喝一杯饮料。

- "不，拉华（Rahua），现在不行。待会就是吃点心时间了。"

3. 要求必须合理，不会耗费照料者太多的精力。

- "你想要你的书？它在另一个房间，我太累了，不能拿来给你。"

4. 照料者或成人的帮助必须受到感激，不应看成理所应当。

- "你真是个好孩子，鲁卡（Luka），对着我说谢谢。你肯定知道我很辛苦。"

5. 当照料者拒绝孩子的请求时，他们隐约希望孩子接受口头拒绝的理由。

- "不，我现在只是太累了。""不，现在还没有轮到你。"

在最后一个例子中，成人在给儿童传授环境或教室中适宜的社交礼仪，并以此回应儿童的请求。所以请求引起可接受的社交行为方面的学习。布鲁纳提醒我们："孩子最初学习使用语言……是为了得到他们想要的东西，玩游戏，以及为了和他们依赖的人保持联系。之后，他们发现父母的约束和惯例体现了自己所处文化中普遍存在的约束。"（Bruner 1983：103）

除父母之外，儿童和许多人产生互动，他们都传授孩子语言和文化方面的惯例。父母引导孩子了解家庭中的文化，教育工作者和教师教给孩子学校、教室和周围环境的文化。布鲁纳认为在这些互动中（他称为不对称互动），成人是儿童的代言人，他们按照儿童想要的或者需要的去做。

联合行动：从共同注意到共同意图

我们已经思考过婴幼儿和成人（通常是照料者）如何通过不同的交流方式——指向、眼神示意、追随一方的注视、发出声音和词语等变得能够共享注意的焦点。但是有些更为复杂的情况会随着时间推移而发生。因为二者在常规活动中不仅分享了注意，而且共享了意图。我们知道人的行为大部分是有意图的，或者如布鲁纳所说，是由目标引导的。随着儿童的发展和成长，他们渐渐能够邀请成人分享他们的意图，反之亦然。让我们现在看一看语言习得方面。我们已经知道儿童如何命名或指代物体和他人。我们继续探讨他们如何能回应问题和提出问题。为了做到这些，他们需要明白的不仅是问题的表征，还有形成问题的基本条件。为了解释清楚，这里举一个例子，此例来自罗格·布朗（Roger Brown）(1973)的研究。他发现他正在研究的婴儿亚当（Adam）的母亲，用两种不同的方式提问题。这样的例子促使他思考儿童为了做出恰当的回应必须知道什么。有两个这样的问题供你思考：你认为母亲提出的这两个问题分别是什么意思？这两个问题有什么不同？

1. 你现在为什么不去玩你的球？
2. 你现在为什么玩你的球？

第一个问题中，母亲正在请求儿童做某件事：去玩球。这是对动作（行为）的要求。第二个问题中，母亲正在询问信息。她在问这个孩子为什么玩球，这显然是对信息的要求。亚当对这些信息类问题的回答通常是以"因为……"开头。他从不以这样的方式回应动作要求类的问题。他一定已经明白母亲问这类问题的目的或意图。对于年幼儿童来说，这是个复杂的行为，也是另一个主体间性的例子。儿童不经过系统的学习就渐渐明白：尽管两个问题看起来很相似（都是关于球），实际上却是因为不同的原因而提出来的。

一到两岁的儿童已经开始明白人类社会认知的形式是什么。他们与他人互动，共享注意的焦点，这要求他们做出些许自我与他人的比较，从而他们可以在共同的任务中呈现不同的视角。熟悉皮亚杰研究成果的人都知道，皮亚杰认为年幼的孩子是以自我为中心的，并不能以他们自己之外的视角来看待周围的世界。托马塞洛和拉克兹（Rakoczy）（2003）反驳了这个结论，认为就语言而言，比方说，儿童学习运用基本的语言符号分享意义，能够像玩弄物体一样玩弄单词。不仅如此，他们还认为，儿童是从简单地参与活动，与一位有重要意义的成人共享注意的焦点到共享更为复杂的集体意图，这时他们开始理解非常抽象的概念，例如信仰和价值观。共享注意的焦点包括呈现他人的观点，是理解较为抽象复杂的文化的基石。这是一个严肃而有趣的观点，值得花时间去思考。回溯到塔利斯（2010）的作品，当谈论起指向行为，塔利斯清楚地表明：即使是非常年幼的儿童也必须知道他们既不是孤立的，也不是一切的中心。他们与其他人生活在同一个世界。

请求是发生在一段平行的关系中，儿童与照料者共享一个任务、一个动作或一段经历，儿童随后邀请照料者看或做某事。最早的邀请发生在诸如成人和儿童共同做某事的游戏类型中，我们之前已经谈论过，渐渐地儿童既能预测接下来发生的事情，也能邀请成人开始或继续游戏。下面是一些例子：

- 汉娜（Hannah）的母亲和她玩一个游戏，母亲举起她的腿，把它们举在空中，数到三再放下它们。汉娜很快学会当母亲靠近时就举起自己的脚，很明显是在邀请母亲玩这个游戏。

- 维西多（Visito）6个月大的时候，他的姐姐发明了一个和他一起玩的游戏，姐姐将他放在自己的膝盖上弹跳，边做边对着他唱歌。弹跳越来越快，歌声也越来越大。当姐姐伸直她的腿，让维西多上下弹跳作为结果时，游戏结束。她屏住呼吸，只有当维西多自己上下弹跳时，才给予他一个拥抱。过了一会，维西多邀请姐姐玩这个游戏，刚开始抓住她的手上下摇晃，然后爬上她的膝盖，最后尖声叫出歌曲的第一个音。

布鲁纳认为当幼儿邀请某人参与行动时，幼儿在一些感官上的表达方式较为复杂，而其他感官则比较简单。你将会经常听到单词"还要（more）"，儿童开始使用讨好类的词组，如"求求你了，妈咪""好妈妈"等。幼儿具有惊人的理解能力，能够意识到他们的恳求几乎都会成功地让成人加入，也说明他们有多了解他人的想法。值得注意的是，因为这些联合行动是以游戏的形式开展的，所以它们是结构化的，并且没有压力。对孩子来说没有什么是错误的。成人可能选择以这样的方式回应：为孩子的语言学习提供支架作用，比方说"好的，我们来玩骑上小木马的游戏"或者"我来画眼睛，然后你可以画鼻子"。但是这种游戏的本质是存在于联合行动、预测和结果的乐趣中的。

支持行为的请求

求助是所有儿童都会学习的，并且包含一系列技巧和理解。当儿童在做一项目标明确的任务时，他们最有可能求助。也就是说，儿童准备做某事遇到问题或困难时，他们最有可能需要帮助。但是求助不仅包括能说一些必要的单词或做基本的手势，还包括巨大的概念飞跃，即能意识到为了达成目标，他们需要做某件事情或使用某样东西，而这超出了他们的能力范围。他们必须意识到他们不能单独完成的事可以通过他人帮助完成。而这，你可能记得，是支架的核心。

布鲁纳定义了三种求助形式，如下：

1. 移位求助（包括从一个地方转移到另一个地方，为了看或够到某物要求被举起，爬上某物或从某物上下来）。这些可能是儿童最早提出的请求，他们不一定需要口头请求。为了被抱起儿童可以主动举起胳膊，或者用手指向他们希望站上的窗台。

2. 精准求助（将某事妥善处理好，比如：打开盒子，把零件放在一起，拧开螺帽，给音乐盒上发条，打开盖子，等等）。

3. 力量求助（儿童因太小或太轻而不能达到身体目标的求助——比如，把椅子搬进来或打开门）。

布鲁纳在他的研究中提到，儿童对这类帮助的早期请求经常关系到儿童的发现：他们不能完成任务，然后就将它交给成人去完成。有时请求（最初是以把没完成的物品交给成人的方式）伴随着发出声音，但不总是。当成人开始帮忙时儿童通常很有耐心，并且当成人安装好后又高兴地取回已完成的物品。随着发展，儿童开始关注成人为了完成任务所做的努力。

之后，儿童有时在做事或制作某物的过程中请求帮助。这里有一个非常有趣的片段：理察德，还不到2岁，向他的母亲寻求帮助。这里的求助植根于场景中，理察德的母亲经常需要他的指引才能知道他要的是什么。理察德一开始反复地叫着"妈咪，妈咪"，边叫边指着碗橱，碗橱一边门是开着的，一边门是锁着的。接着他继续说着："起来碗橱，起来碗橱。"

母亲："起来碗橱"是什么意思？

理察德：起来。（母亲和观察者笑了）

理察德：碗橱，碗橱。（重复了好几遍）

母亲：（站起来，加入碗橱旁边的理察德）我不能把碗橱抬起来！（打开碗橱，温柔地对理察德说）

理察德：（站着，局促不安，看着下面。向碗橱里看，看见一个玩具电话）电话。

母亲：这两个电话怎么样？你把电话拿出来，打电话。（开始走开；碗橱的门又关上了）

理察德：妈咪（走向母亲，用手把母亲拉向碗橱）妈咪拿出电话。（试着打开碗橱，然后看着母亲）

母亲：（撑着打开的门）好了！你把电话拿出来。

理察德：（探入碗橱）盘子拿出来了。（兴奋地）

（Bruner 1983b：110-11）

你能够真切地感受到孩子和母亲交流上的一些困难，但是双方都坚持下来，最终理察德达成了自己的目标，拿出了他想要的盘子。他暂时被电话转移了目标，但是设法保持了自己的焦点，依然继续坚持要打开碗橱。此次事件的两个月后，他能够熟练地并更加成功地邀请他的母亲帮助他达成目标。

家庭和社区的学徒

我们知道儿童从婴儿期就已经在学习语言了。他们沐浴在语言中，整天在家庭和社区中聆听日常性的语言，包括用餐时、睡觉时、大扫除和做家务时、与父母或照料者外出时、在电视前时、和兄弟姐妹们一起玩时、收音机开着时等。所有这些都是语言运用的时刻，也是语言学习的潜在机会。所以孩子们被认为是家庭和社区中的学徒。他们看、听、学习、练习、模仿、吸收、转换、创造在所有社交场合中运用词语的方式。我们必须提醒自己，尽管听起来更像随机和偶然的，但是实际上是非常有组织的。语言是受规则约束并且有目的性的。我们说话是为了产生和分享意义，我们经常根据规则把我们的语言组合在一起，有时我们会打破规则。规则不仅是指句子如何组织或用哪种声调，而且比这更微妙。想想我们自己家庭或社区中的规则是怎样规定什么时候说话，什么时候保持沉默，谁更加强势，谁更加弱势，你可以谈论什么，不可以谈论什么，你可以向谁说一些事情，却不能对其他人说。以下是几个学生关于他们家庭中的语言规则的一些讨论：

米娜（Mina）：在我的家庭，我们从来、永远都不能讨论性。如果我提起来，会引起震惊和惊慌失措。

阿尔菲（Alfie）：在我的家庭里，不允许我们讨论政治。如果我提起任何有关政治，甚至隐约有关，我爸爸就会很生气，所以我已经学会不去讨论它。

拉夏达（Rashada）：在我们家有严格的等级——非常传统，男性至上。我爸爸被认为最有智慧，他总是第一个说，类似于开启话题。然后是我的哥哥，接着是我和我的姐妹们。我从没幻想引入一个新的话题！

英迪拉（Indira）：有趣的是，在我的家庭里，我们可以谈论任何事情，但是我们是多语言交流——所有人至少说四种语言，有些语言用于一些话题，另外的语言说其他的话题。我不知道这是打哪儿来的规矩。

许多关于语言习得的文献跟单一语言研究有关，但是我们生活在一个多语言的世界。在我们的学校和环境中，很多很多孩子不只说一种语言。了解如何掌握双语是重要的。这里还不能在细节上去探讨这些，但是最近有一项有趣的、规模很小的研究，审视了两种语言的学习。麦克罗利（Macrory）（2007）研究一个双语的孩子怎么建构语言，据此探究她使用的两种语言——英语和法语的不同规则系统。尽管麦克罗利有许多潜在的研究问题，但是核心变成了研究儿童在两种语言中问题的发展状况。研究中的儿童（在英国）是家庭中第一个孩子，小女孩，名叫阿黛拉，主要由说法语的母亲照顾，母亲选择待在家里照顾孩子，并跟她说法语。父亲说英语，在家时对阿黛拉说英语。母亲只在她婆婆来访时才说英语，因为婆婆不说法语。父母之间常用英语交流。研究开始时，阿黛拉刚过2岁，研究是基于每月收集的一些案例样本。我们将看到一些例子，有关这个儿童运用一种语言提出需要回答"是"或"否"的问题时学习到了什么。英语中，问一个是非问题，单词的顺序必须是颠倒的。例如，陈述句"She is nice."必须改变为"Is she nice?"才能变为一个问句。在法语中，一个是非问题有三种问法。第一种和第二种是通过运用问题标签 *est-ce que*（字面意思"是不是"）配以上扬的声调。第三种通过转换动词和主语的位置，以至于"*Elle mange*"（她吃）变成"*mange-t-elle*"（她吃吗）。法语中，问题的主要特征是声调的运用。研究者发现阿黛拉是运用和单一语言者获得语言的同一种方式分别获得了两种语言。麦克罗利也注意到孩子使用的问题,因为这提供了孩子运用两种语言提问题的经验。母亲,一名流利的说法语者,更是出色的示范者,几乎总是运用声调提问题。父亲问问题是运用了各种变式,阿黛拉的英语输入不仅来源于父亲,也来源于她生活环境中的其他人。所以父亲对她的英语输入可能因为其他人的示范而被冲淡。主要的影响明显是来自母亲,这体现在阿黛拉喜欢在说英语时使用转换后的问题,只在说法语时用到声调。

所以我们从中可以看到幼儿是怎么建构自己的语言的,她通过对她给周围人的回应进行建模,这为建构主义者观点而不是先天论者观点提供了支持。儿童不是在真空中产生语言,而是在真实和有意义的语境中从学徒变成技巧熟练者。

变成提问者

布鲁纳对儿童形象的假设是积极的学习者,寻求建构和分享意义,似乎是提出假设、提问的儿童形象。儿童持续地对事件、物体、人、活动和遇到的经验提出问题。在孩子学会说话前,如果我们花费时间和精力去试图弄清他们正在做什么,为什么这么做,那他们的问题是唯一的线索。这里有一些观察记录供你去分析婴幼儿正提出什么样的问题:

- 提奥(Theo)(10个月):一天他模仿我梳头,现在他用任何像梳子的东西梳自己的头,包括扫帚和指甲刷。当他今早看见我在剃腿毛时,他试着用自己手中的勺子来帮我。

- 宝拉(Bola)(22个月):他把收集到的树叶放在自己的小篮子里,并把树叶带进屋里,然后认真地看每一片,接着把它们分成三堆。

- 伊瓦琳娜(Evalina)(8个月):她坐在镜子前,反复摸自己的头，然后反复摸自己的鼻子。最后她闭上眼睛，当她睁开眼睛时，脸上出现惊讶的表情。

当我们问自己孩子在提出什么问题时，我们并不知道"正确"答案，但是我们可以冒险猜一下。让我们试试看：

- 提奥似乎在问问题，比如："什么让这个东西（梳子）可以放在头发里？是这些东西吗（猪鬃毛）？扫帚可以吗？或者指甲刷？（二者与梳子有共同点）我妈妈正在对她的腿干什么？她用的是什么东西？看起来像一个勺子吗？"这些问题可能与观察到的行为目的以及所涉及的物体属性有关。孩子可能将了解的物体进行比较，当然重点关注的是细节。

- 宝拉正在做的事对幼儿来说很熟悉。他从周围的环境收集物品，然后根据一些标准对它们进行分类。他可能在问："这些都一样吗？还是有的不同？我能找出所有的大叶子吗？或者全部小的？或者是深绿色的叶子？有锯齿边缘的叶子？"

- 镜子前的小伊瓦琳娜似乎在问一系列的问题："那是我吗？那是我的头发吗？这是我的手吗？如果我动动头会发生什么呢？那是我的鼻子吗？这个还是我的手吗？如果我闭上眼睛会发生什么？我还会依然在那儿吗？"

这儿是一些儿童对自己提出的问题给出的答案，都来自瑞吉欧的保育中心或育儿院的孩子们。

- "在城市里，你必须获得信息才能知道去哪儿；这就是为什么他们举起了所有的标志。"（Reggio tutta 2001）
- "时间在天空里……你必须升得高才能看到。"（Stefa-

no，cited in Five and Six Year Old Children of the Fiastri and Rodari Preschools 2001：39）

● "我们还看不到未来——当它来的时候就能看见。明天的未来可能比今天的更好——天气更好，我们会去外面玩。"（Omnia，cited in Five and Six Year Old Children of the Fiastri and Rodari Preschools 2001：37）

● "我发现苍蝇没有心脏时，我是一个科学家。"（Alessia，cited in Five and Six Year Old Children of the Fiastri and Rodari Preschools 2001：63）

● "哥伦布发现了美洲——他是一个发现者，因为他发现美洲时，美洲就已经被做好了——但是阿基米德发明了机器，之前它不存在。"（Claudio，cited in Five and Six Year Old Children of the Fiastri and Rodari Preschools 2001：63）

这些精彩的片段提醒我们，儿童总是在问问题和回答问题。这些明确的证据证实他们是能提出假设的。

● 第一个片段中，我们发现一个孩子想知道为什么城市到处竖立着标志，并通过画标志进行了回答，然后告诉一位成人图画中有什么。

● 斯蒂芬诺（Stefano）正在思考时间，试图回答一个非常复杂和抽象的问题：时间是什么，你必须去哪里才能看到它。

● 欧姆尼亚（Omnia）正在思考未来可能像什么，并假设当它来的时候她能看到它，而且它比现在更好。

● 阿丽莎（Alessia）和克劳堤奥（Claudio）正在思考科学家在做什么。克劳堤奥思考某物是什么意思时有了一个精彩的发现：科学家可以发现已经存在的东西或者发明之前不存在的东西。

布鲁纳从细枝末节处研究语言学习，他不太关注随着儿童从家庭走向社会和学校的正式环境，成为提问者的重要性。但是，他对那些创设和管理著名的瑞吉欧学前教育机构的人影响重大。他变成瑞吉欧这个城市的好朋友和崇拜者，甚至于1998年被授予荣誉市民称号。正是这个时候，布鲁纳的兴趣从研究个体儿童转移到教育体系。关于瑞吉欧他说道：想要了解瑞吉欧教育，你必须了解这个城市。对他而言，瑞吉欧可以说是个不大不小的城市，以他所谓的"互惠的尊重"为特点（Bruner 2004）。对于我们而言，瑞吉欧是一个拥有16万人口的城市，其中12%的人来自120个不同国家。学前教育机构复杂，有20所幼儿园，13所托儿所，12所公办学校，21所幼儿园和11个婴幼儿组织或更多是由地方政府授权①，直接或间接与集体联合办学。不仅如此，它逐渐变成正在进行的早期保教实验的知识和理论的结合体。在瑞吉欧，孩子们提出的问题，不管是明确的还是隐含的，都能得到慎重对待。

下一章我们将关注布鲁纳在教育方面的思想，我们会更加细致地进行讨论。

对实践的启示

1. 对婴幼儿（婴儿和学步儿）工作者来说，进一步的建议是在你与孩子互动时注意口语的重要性。我们已经讨论过讲话包括游戏、唱歌和命名活动在日常环节中的重要性。你可能现在想要多关注孩子是怎样回应你的问题以及如何自己学会提问题。

2. 对所有人而言，意识到儿童在积极地寻求意义的创造和分享这一点是至关重要的。只有通过真正观察孩子正在做的事，聆听他们的表达，感受他们正在关注的、感兴趣的和心中有疑问的，我们才能全身心地参与他们，起先在活动中分享注意，随后共享意图。这些你或许也已

---

① 译者注：原文数字可能有误，但这里的数字列举只是为了呈现瑞吉欧学前教育机构的复杂，不影响理解。

经做了不少，但是如果意识到自己正在做则意味着你更倾向于将它当成一个教育工具来使用。

3. 分享或共同注意/意图是主流话题。我们已经看到年纪很小的儿童是怎样通过互动逐渐获得语言、社交/文化技巧和知识的，在其中他们变得能够关注同一件事物。我们提及大一点的儿童是怎样通过社区中与他人的互动，逐渐理解抽象的事物，如信仰系统。在学校和其他机构中，这个话题被拓展了，所以目前的焦点是所谓的持续分享思维。这是从学前教育的有效规定（Effective Provision of Preschool Education，EPPE）项目中发现提出的，这一项目将此作为良好实践的特征。儿童的兴趣是持续的，并与另一个儿童或成人持续共享。二者都必须专注于同一个任务、物品或问题。实践者或教师的角色是尝试和管理这个吸引儿童的场景，允许他们提出问题并融入其中。这一实践的基本特征是实践者对儿童正在做的事情感兴趣，并给出怎样敏锐和积极互动的建议。很明显，纸上写的看来很不错，但是许多问题也由此产生。其中一个就是我们学校和其他教育机构中的许许多多儿童，他们的经验与大多在中产阶级文化影响下的学校和机构中的儿童大不相同。我们将会继续在下一章讨论。

回顾与展望

在本章中，我们已经讨论过儿童怎样学会请求帮助、物品、支持和注意，从而加强他们对世界的理解。在英国，我们相当重视儿童回答问题，对儿童提问题却不重视，然而很多证据证明儿童每时每刻都在问问题，我们必须做出改变。我们讨论了布鲁纳的一些观点，包括儿童怎样学习请求一个物品，儿童怎样通过互动学习识别和合理回应不同类型的问题。我们看到文化限制下的问题本身是怎样的，成人怎样教给幼儿语言以及社交常规。我们讨论了提问能帮助儿童在一开始与他人分享注意，然后与他人共享意图。我们关注了儿童寻求帮助，在家庭和社区中怎样从（语言的）学徒变成提问者。这章以这些引发的实践启示作为结尾。

在下一章，我们将关注布鲁纳在教育方面的思想。

CHAPTER EIGHT
Pedagogy: teaching and learning

第八章

教育学：教与学

引言

　　这章我们将转向对教育学的关注——教育的科学性或艺术性。我们将检视布鲁纳的一些思想，其多数来自他1996年出版的论文集，紧接着我们会探讨一些在研究领域中已公开发表的或正在讨论的一些观点，它们（较布鲁纳的观点）已经或正在有所改变。我们将从布鲁纳认为不可或缺的民间教育学（folk pedagogy）谈起。我们也将会较为详细地介绍布鲁纳近来关注的有关学习中的自我意识所带来的启示以及早年谈论过且后来一直被持续共同讨论的问题。然后我们将把注意力转移到他的课程思想上，其中一些前文已有所涉猎。接下来我们还将讨论一些有关英国和欧洲的教育实践者之间的差别的研究，特别是对关心的重视。

民间教育学

布鲁纳倾向于用"民间"(folk)这个词来指称维果茨基曾用过的"日常"(everyday)这个概念，有人因为这个词含有一种先见的意味，不利于对日常现象的描述而不太接受。当他讨论民间教育学时，实际上他是在讨论一些为我们日常所用的认知，比如孩子需要学什么，教师应该教什么，该怎么教，等等。就像你接下来会知道的，只有异常激烈的论战才会对教育的方方面面产生影响。在我们这个国家，当前早期教育领域一些做法的作用，比如给孩子做测试、学校排名、为达标准而教以及我们这么早让孩子接受正式教育的影响等等一直在被社会持续讨论着，这些都是基于布鲁纳所称作的民间教育学的。

在布鲁纳开始写作之时，有种基于民间教育学的观点正在盛行，声称孩子应该受到管教。这种民间理论被布鲁纳称作直觉性的，基于其对儿童和童年的概念，认为小孩子任性所以应该受管教，他们很幼稚所以应该让他们远离社会中的恐怖之事，他们就像是空的容器，因此他们需要教师并且也只有教师能用知识去填充。更有甚者，认为孩子都以自我为中心，需要教他们怎么与人交往。估计这时你想停下来想一想是否现在对儿童还是采用这样的观点看待，或者是自己小时候是怎样的，接着再思考这些观点如何影响了你小时候或今天的孩子所接受的教育。从媒体上我们可以了解到大量有关儿童表现非常糟糕、许多父母做得很不够、社会陷入支离破碎的信息，毫无疑问，这些对我们当前的教育体系有着显著的影响。但某些观点已经发生了改变，比如我们不再视儿童为被动的学习者而是将其作为学习的主动建构者。我们也将他们视为社会文化群体中的成员因而对互动在学习中的重要性有清晰的意识。尽管还没有达到足够的程度，依然参差不齐，但我们对儿童的发展了解得更多了。

当布鲁纳对教育的原创性进行思考并写作时，他确认了教育中四种占主导地位的模式。

1. 第一种模式是基本上把学习者视为模仿者，教育者通过演示和示范的途径将知识、技能传递给学生。布鲁纳建议这种方式可用于一些专业技能的学习。

2. 第二种模式中的学习者被视为可以通过直接教学来学习。学习者被传授事实、行为准则和原则并加以运用，考试基本上也是考这些。

3. 第三种模式中的学习者被视为思考者，通过与他人的互动及对书籍、物质工具及符号系统的卷入，建构和分享着各种信息，这种模式重在合作和对话。

4. 最后一种模式比较难理解。这种模式中的学习者被视为对自己的知识是有意识的。他们从自己的经验中获得知识，开始思考社群存在的更抽象的一些内容，如信念、价值、原则等。教育者的角色是开始帮助学习者在自己所知道的以及文化中所蕴含的这些抽象范畴之间寻求平衡。可以这么说，儿童需要在自己的所学所知和自己所属文化中其他人的知识、信仰之间保持平衡。

概而言之，我们可以把这四种教育学模式看作一个从成人完全控制到视儿童为积极的学习者，从互动和调解中学习，运用文化工具并能反思他们所学的连续体。今天，我们依然能从一些保育学校、儿童中心及其他一些机构中看到这些模型的各种方面。在一些机构中我们能看到实践中一些很严重的矛盾。比如，许多早期教育的理论工作者和实践工作者认为我们的孩子过早开始了正式的学业学习。他们认为早期儿童学习抽象的以及通常互不关联的一些任务前，需要尽可能多地通过直接探究获得具体的经验。他们更希望成人不要受制于有预设标准的测试，而是追随儿童的兴趣做一名引领者。你或许可以成为一名这样的实践者。

定义学习

采用什么样的教育学很大程度上取决于对学习定义的假设。当然，布鲁纳没有将学习看作一种个人被动的行为。他将学习者视为共同体中的一员，对他而言，经验和文化都很重要。在他关于文化、思维和教育的思考中，他提出了引导他教育的心理文化路径的四个原则。它们是：

1. 视角原则。这条原则的意思是说获得意义本质上说是对作为参照的建构意义的观点或框架的采纳，没有人能够超越于文化之外。学习者所面临的任何事物都是置身于文化情境之中的，而学习者本身也来自某种文化，尽管不可能从他身上反映出该文化的所有特质。这条原则强调了个体在获得意义中的重要性，他们不仅是理解而且是创新。

2. 制约原则。布鲁纳认为任何获得意义的形式都受到两个方面的制约。第一是受到我们进化成了何种物种以及相应的具有何种思维方式的制约。我们现在的思维方式取决于我们原先怎样思考。第二是我们的文化工具——文化中发展出来的符号系统不可能处处如我们所愿。这对教育的启示为：学习者最好的学习动力就是对掌握符号系统的需求。

3. 建构原则。对布鲁纳而言，真实不是客观存在的而是建构出来的，我们建构意义并和他人共享，他人也可能会重构意义。教育必须让学习者懂得怎么去运用工具建构意义并建立理解，从而能够适应外部条件的变化。

4. 互动原则。布鲁纳认为知识和技能的传递关涉他称之为"子群体"的互动。学习者和他们的互动对象在一起共同学习。

这是我们后续要关注的有关学习的方面。

实践共同体

很明显，儿童或成人在一起共同学习时，一旦共同关注某个对象，他们相互之间便会卷入得越来越深入。如果你曾经参与一群孩子一起学习玩音乐、做蛋糕、发明游戏、造一座塔或任何其他的活动,你就能意识到这个过程中其他角色的能力。作家让·拉夫(Jean Lave)和埃蒂纳·温格(Etienne Wenger)(1991)讨论了他们所谓的"实践共同体"——布鲁纳虽不使用该术语,但这和他有关学习的思想是清晰相关的。温格(1998)相信这些实践共同体是由那些投身于人类努力的共同领域中集体学习的人组成的。他有许多的例子来证明他的这一说法——一个部落学习生存(猎人和采集者们外出狩猎),一群画家在一起为一种新的表现手法而努力(可能是印象派画家),一组医生一起研发一种新技术(可能是显微手术),等等。在这些群体中有些人被当作核心人员,其他人则处于边缘。想一想自己的经验,你一定会想到你是某个群体的核心人物的例子,也会有一些你处于群体边缘的例子。来看下面的一些例子。

● 在一个名为《头发定型剂》的学校戏剧表演中,一个学生错过了试演,这个表演涉及歌唱、舞蹈、配乐以及表演等多种形式,她失去了成为这个群体核心人物的可能。她成了一名舞台助理工作人员,虽然是整个群体中的较外围的,但也能聊慰她的失落。

● 在课堂阅读环节,初到该国尚不能说英语的迪奥格拉提斯(Deogratis)坐在地板上根据书籍的大小尺寸将书分成几堆。由于不能加入能朗读给老师听的学生群体,他选择了另外跟阅读相关的活动。我们可以称其为小阅读者群体的外围人物。

对温格而言,从许多群体中区分出一个实践共同体有三个关键因素。具体如下:

1. 共同关注的领域。显然,为了能成为显微手术研发小组的核心人物你必须立志于此(显微手术),并有能力与小组的其他成员共同研究。上述另一个例子中的迪奥格拉提斯还不具备加入英语阅读者小组的能力。

2. 共同体的成员组成。组成共同体的成员聚焦于共同的领域,积极参与活动，贡献自己的能力，帮助他人，分享信息。他们建设关系促进学习。

3. 共同体的实践就是他们的日常实践工作。你可能是一个早期教育工作者，如果是的话，你和早期教育工作者实践群体的成员分享你的整套做法，这来自你所受到的培训和工作经验的积累，你曾遇到的并已经克服的困难，你得到令你欣喜的回报和收获的成功。当你去参加会议或者在培训活动中分享你的经验的时候，都需要和他人互动。

由于我们都是不同实践共同体中的成员，所以这就很容易理解。接着来让我们看这对于教育学——教与学的启示。这个模式显然是基于社交的：学习发生于与他人的共同建构和分享意义。学习者在一起积极投身于对共同体活动的建构。当你思考这个问题时你可能会记起芭芭拉·罗格夫（Barbara Rogoff）的著作，他把学习者看作思考者中的生手。拉夫和温格（1991）通过观察助产士、裁缝、切割肉类者的工作以及那些涉及酗酒的匿名人物证实了他们的理论。儿童在他们正式成为某共同体的成员或参与有意义并有结果的一些活动前，他们在一旁倾听着、观察着。想一想孩子在厨房玩面粉，他的妈妈在烘烤食物；或者有孩子将他们的娃娃绑在他们背上就像是他们社区中的成年女性把孩子们绑在她们的背上。这些都关涉识别、语言以及对一种持续更新的关系的意识。有人将此描述为学习者和学习的关系观，认为这超越了经验学习，儿童是从他人及环境中去学习的。

如果你运用实践共同体的思想观点、拉夫和温格的有关"合法性边缘参与"的概念去观察你活动室的一个角落并做详细的记录，你会感觉很有意思。这可以让你观察到儿童是否都能公平地加入这个共同体中。如果要这样做，你必须要考虑儿童的原有经验，看是否会帮助或者是阻碍他合法地参与活动。记住儿童一开始是一个观察者和倾听者。继续往下读的时候请把那些母语不是英语的孩子和刚到英国来的孩子记在心上，思考如果你的班上有这样一名儿童，他要想成为共同体中的核心成员的话，究竟是易是难。

巴隆（Barron）（2009）考察了旁遮普（Panjabi）的一个托幼机构某班儿童的经验，这个机构的理念是"以儿童为中心"，我们可能会认为他们的方式是好的幼教实践的代表。一日活动的组织是鼓励幼儿的选择和其独立性，教师是儿童学习的促进者。一天中有一段时间是以小组为单位的比较正式的学习活动时间，其他则是根据一日活动的流程，如惯例的牛奶时间、故事时间和水果时间等等。其影响基础可以说是布鲁纳和维果茨基的互动策略以及儿童早期阶段的需要和制约。有这样一个假设，学习应具交往之意，儿童是从与同伴和成人的交往中学习的。语言是学习的根本。这些看起来都是很寻常且又是人们期盼的。但也让我们来考虑一下正在开展的活动需要什么样的原有经验，是不是正在进行的活动能让所有的儿童确确实实投入学习，我们将通过一所保育中心提供的描述来近距离观察。

活动室有个娃娃家角落，有一个厨房，一个卧室。一些厨房设施应该是巴基斯坦儿童家里面常见的。人偶的特征和服饰反映出了白人的当地文化。（后来，当教师对巴隆的关注点有了更清晰的认识后，他们给孩子介绍了更多不同的人偶）礼服反映的是西方文化中的角色和服装。活动室里还有玩沙、玩水的地方，给儿童提供以手指或手掌作画的机会。角色游戏区域经常在变换，主题通常只是一小部分来自中产阶级家庭的儿童所熟悉的，其他儿童都不熟悉。在研究者观察期间孩子们建立了一家专门提供滑雪手册的旅游机构，后来变成了蔬菜水果店。你认为所有孩子都公平地享有参加所有或者部分活动的机会吗？

巴隆对于在角色扮演区（蔬菜水果店）的观察清晰地呈现了这里所需要的一些语言和习俗对一些儿童而言是带有歧视性的。基于拉夫和温格的研究，他看到了这个角色扮演游戏区具有成为一个学习共同体的可能。儿童扮演的这些顾客和店主可以被看作真正的顾客和店主的学徒。以下是巴隆观察记录中的一个节选：

> 凯文（Kelvin）：对不起，你想买什么？
> 梅兰尼（Melanie）：我想要买些胡萝卜和吐司，我不需要什么都买。
> 凯文：你想买吐司？这里没有吐司！
> （亚当跑到柜台后面来自己拿东西又跑开了）
> 乔什（Josh）：（对亚当说）把那个袋子给我，你得花钱买！
> 成人：我知道这是英国的规矩，但如果你们排好队的话，会容易很多。
>
> （Barron 2009：345）

巴基斯坦本土的儿童缺乏语言以及其他的交流技能无法加入游戏，所以来到这个区域后都是看看便离开了，或者他们能做的就是不经允许把"食品"拿走，就像亚当做的那样。这让当地的白人儿童和那些职员很不高兴，于是巴基斯坦本土儿童就被这个游戏排除在外了。巴隆补充说，这并不是因为那些巴基斯坦儿童没有购物经验，而是他们有关购物的经验有着不同的互动方式、不同的行为方式等等。他们没有在店里排长队购物的经验，他们也不知有只售水果、蔬菜的商店。因为语言不通，他们无法理解发生的一些事情，最明显的是成年人对孩子的评论，例如"我知道这是英国的规矩，但如果你们排好队的话，会容易得多"，有些巴基斯坦儿童可能有在商店自取商品，比如牛奶和DVD，然后去柜台付账的经验，但这种方式（或许在这间教室有不少儿童熟悉这种方式)不是教师所提倡的。这个活动虽然看起来是开放的,对儿童是适宜的,但这个情境受到了教师非常严格的控制。

这就导致了巴基斯坦儿童不被许可进入活动的中心地带,他们在边缘地带,这对他们的自我形象的认知一定是有影响的。他们被排除在外了——和他人是不平等的,原因就在于他们缺少充分参与游戏所需要的经验、技能和语言能力。

这个研究成果并非是最新的。丽兹·布鲁克(Liz Brooker)(2002)在她对于一个自称"儿童中心"的接待教室中真正发生了什么的研究中有类似的发现。她发现许多家长都不理解或不喜欢教育机构所进行的那些活动——远足、玩沙水游戏、手指作画等等。这些在他们的文化中都不被接受,而且他们自己也没有经验。他们不知道自己在对孩子的教育中能做些什么。教育者似乎也没有向他们解释从这些活动中儿童可以获得什么。值得关注的是这些学校和机构似乎更喜欢回避这个问题而不是去澄清。

作为实践者记住下面一点很重要:很多时候我们认为理所当然的事是和我们的文化、我们的经验紧密结合的,以至于我们很难从中去概括什么。这意味着我们要倾听家长在说什么,认真对待他们所关心的问题,愿意去向他们解释为什么我们做的有些事情对儿童的学习和发展是非常重要的。

课程:教什么

任何一所机构都有它的预设课程(是由国家和政府规定的各个年龄段的儿童所该学的),还有就是不太显著的课程,比如什么被看成卓越的、跟儿童讲话的方式、对儿童的期望是什么、有什么教育资源、员工个人有些什么爱好等等。因而什么是被重视的,什么是被忽视的,这些便构成了隐性课程。在一些机构或教室，我们看到男孩子是占据统治地位的。国家课程意味着每个孩子应该得到同等的教育，但我们都知道，个人在学校获得的经验还受很多其他因素的影响。就读于位于绿荫茂密的乡村的华德福学校（Steiner nursery）的儿童和就读于城市里的保育中心的儿童，他们的经验差异是非常大的。这都是在说没有一所教育机构或保育机构的教育影响可以做到文化无涉。课程要远远大于学科知识。布鲁纳认为从文化学的视角看，学校的主要科目就是学校本身。他认为学生的经验是学校或机构中正在发生的一切，这取决于学生对这一切怎么理解。举几个例子来说明：

- 拉蒙（Ramon）夫人是来自萨尔瓦多的银行咨询师，她和她的孩子们迁居加拿大。她这样描述她自己童年时期有关学校的经验。"在我的国家，儿童见人要打招呼，'下午好'，'你好'等。教育远不止认识几个字……有关礼貌的规则对学校而言是非常重要的。这里，儿童在学校居然都不跟老师打招呼，他们大部分时间都是想怎么说就怎么说。"（Bernhard 2004：59）

- 阿比奥拉（Abiola）担心她孩子在保育中心会因为反抗一些强硬的、不公平的规则而受到歧视。其中一个规则是任何一个人都不能伤害另一个人。阿比奥拉认为这是一个很好的规则，她鼓励她3岁的孩子不要伤害别人。但最近发生的一件事让她颇感担忧。博拉（Bola），她的孩子，在机构因为两个大一点的男孩打她，她就咬了其中一个，因而机构让她暂时不要去了。阿比奥拉感觉其中可能有些种族歧视的因素，她也担心博拉会因此不愿再去机构了。

- 玛丽娜（Marina）和托妮娅（Tonia）是一对同性恋夫妇，她们正在为她们的小女儿物色保育机构。她们访问了当地社区的几所机构，并花了不少时间在教室里观察气氛以及互动，最终她们决定选择一家有着明确反种族偏见政策的机构，那里的大人们说着社区中的各种语言，有一种强烈的尊重个体和尊重文化的感觉。

你可以从这个例子中看到比学科更重要的一些东西，氛围、态度、期待、关系和互动是所有课程的重要部分，这是没有办法从国家层面来决定和控制的。

布鲁纳同时相信，教育者或者实践者在引发学生对新事物的兴趣方面扮演着重要角色，和维果茨基一样，他相信人类童年期天生的好奇心的重要性，以及他把成人看作（儿童在）任何学习环境中的学习伙伴。我们会欣喜于对某些东西的熟练掌握，也很有可能放弃某些我们会失败的事情。这时你的脑海中大概已经掠过这样的情形：一名儿童在某次音乐考试中失败后放弃了学习乐器，或是一名常常被他母亲唠叨说不好好读书的儿童不再愿意阅读了。这背后的信息是，与其等待儿童自己表现出对某事物的兴趣，不如让他接触某些可能会让他产生兴趣的事物。有时候，这会被看作在建议让所有儿童在同一时间做同样的事情，但其实并不是这样。这里的信息是实践者在拓宽儿童的视角、让儿童接触新的场所、获得新的经验等方面发挥着重要的作用。以下是一些个案：

- 在瑞吉欧·艾米莉亚的早教机构中总是有一个艺术家、匠人、机械师或科学家在工作坊工作，他们被称为工作坊专职教师。儿童可以自由地出入工作坊，站在一旁观察、提问和专职教师进行交流，并且选择一些材料自己去制作。

● 委内瑞拉最贫困的社区却有着非常出色的音乐教育，每个儿童都拥有一把乐器，他们不仅要练习，还需要照顾好他们的乐器，业余时间他们还会和其他人组成小组来进行演奏。

● 在巴思（Bath）的一所学校中的一个班级接待日，教师邀请家长和他们的孩子一起来开展一个制作图书的项目课程，这本图书是关于儿童生活的。教师提供了一些以前的家长和儿童一起制作的图书给大家翻阅，并且在一旁提供必要的支持。在学期末这些图书将在一次集会中向全校师生进行展示。

● 在伦敦北部（North London）的一个儿童中心，每个儿童的"生命故事"书分享活动在得到允许的前提下开始了，每周的周末会有三名幼儿在故事环节进行分享。这对于每个孩子认识到自己的某些小小的成功是非常有利的。儿童的故事之所以被选择是因为儿童听了一个故事，或是帮助了别的儿童，或是画了一幅可爱的画，或是用建构材料搭建了什么。儿童的故事得到分享以后，一颗种子就在他的心里埋下了，威尔姆（Wilhelm）（4岁）向他的父亲宣布："现在，我可以成为像你一样的园丁了。"

更多问题

布鲁纳说我们应该把教育看作"教育是什么"，在他看来，教育即政治。他所指并非党派政治，而是指日常生活中的政治意味，比如，为何一群人能够为他人做出决定，这背后的含义是什么？我们唯一不得不考虑的是我们获得工作、挣钱、获取身份的资质的重要性，这不仅是指在我们这个社会里，也指更广泛的范围中。教育之所以这么重要、这么特殊，是因为它是这样一个机构，它使得年轻人能够在其所属文化的其他机构中得到更积极的发展机会。所以我们必须近距离地观察文化究竟是什么。布鲁纳说，文化不仅仅是一群人所共享的历史和语言，更是由如学校、医院、图书馆、银行、公司、商店、法院、各种合法的系统等等这样一些机构组成，人们各自在其中所承担的角色以及这些角色应得到的相应的尊重都是已经确定下来的。在我们这个社会中，医生和律师普遍能够获得较高的社会尊重；在一些非洲国家，医疗师和教师能够得到较高的尊重。这个社会中的许多交换行为因为机构而存在，比如为各种不同工作支付工资，采用的先例、规矩、章程、语言和思考，有时候甚至是专款购买制服或是分配其他可接受的服装。许多如皮埃尔·布迪厄（Pierre Bourdieu）和保罗·弗莱雷（Paulo Freire）在内的伟大的思想者对机构所扮演的角色进行了思考，争论此消彼长。有关儿童入学问题，我们应该有自由选择的权利吗？但如果人们必须为某类特殊的学校买单，这是选择的自由吗？还是富人的选择自由？我们是否应该筛选最聪明的人来开展英才教育呢？综合教育是真的失败了还是从来没有好好尝试过？这些问题都是政治。

　　布鲁纳在他的著作中不断地提醒我们要牢记为我们所在的社区所做的变动不居的、复杂的、重点的考虑。怎样改变一名母亲是全职工作者的儿童的体验，如果可以，以何种方式？贫穷对儿童的学习和发展将带来怎样的影响？怎样让所有的儿童参与到保育教育机构所提供的各种活动和遵守其常规要求中？有一个途径是要记得教室和学校本身是一个社会共同体，是儿童在获知新世界时获得支持或抑制的地方。要支持那些还在英语学习的初始阶段的孩子或帮助孩子从创伤中恢复，都需要我们花时间去观察和倾听。我们也需要仔细聆听父母和照料者的介绍，尽可能多地把握儿童已有的经验，以及他们在他们的家庭、街道、社区和校外活动中将会继续获得的经验。他们就是通过这些经验来获得发展的。

螺旋式课程

布鲁纳在其学术生涯的早期，就开始在儿童应该以何种方式学习的意义上探究有关入学准备或学习准备的问题。正如我们所熟知的，皮亚杰将儿童的学习划分为四个清晰的阶段，这与儿童的年龄相关并且是连续的，故儿童是通过运动和感知去探究世间万物发展，最终发展为可以推理和解决问题的。布鲁纳的观点虽更精细、微妙，但绝对是受到了皮亚杰思想的影响。布鲁纳相信在教学中教师可以从儿童可理解的一段描述或一个行为活动开始，等到儿童的推理和思考能力有所发展后再在更高级别的水平上学习同样的内容。说布鲁纳更多关注的是正规学校机构中稍年长的儿童而非年幼儿童，似乎对他更为公正些，这一点也是他的写作基调中要表明的。我们可以从他一些言论中进一步了解，他曾说："事实上，任何学科都能以某种形式教给任何年龄的任何儿童（Bruner，1996：119）。"随后，他重新措辞了这句话："（学习）准备不仅是天生的也是后天的。"他这句话的意思是决定让儿童应该去学的东西象征着儿童可以理解的方式。最初，儿童的想法是通过物理道具、行为动作或直接探究来展示的，随着时间的推移，他们对行为和具体探究的依赖会逐步减少，而更多地依赖抽象和推理。如此一来，教导的方式就不能过于简单，也要渐趋抽象。让我们来举例证明这个观点。我们将要列举三位教师让儿童对故事和书籍产生兴趣的不同方式，第一位是3—4岁儿童的老师，第二位是7岁儿童的老师，第三位是9岁儿童的老师。

● 一群3—4岁的儿童坐在玛维（Marve）身旁，她正在给他们朗读故事。她使用了一本大书，确保所有的孩子在她朗读的时候都能看到，这是个很好的例证。她调整了朗读的节奏，检查儿童是否都在倾听,她还用不同的声音分饰不同的角色。当她读完这个故事后,她把书放在书桌上,同时拿出了一些根据书本内容复制的人物图片贴在磁性黑板上,供儿童在自己复述故事的时候自由取用。她计划明天再次朗读这个故事。她的教学目标是确保儿童能被故事吸引,能被故事中的话语吸引。

● 萨拉玛(Salama)老师注意到她的二年级班的孩子们对故事和阅读不是很感兴趣,于是她邀请了罗伯托(Roberto)——一个专门讲故事的人来到她的班级。罗伯托是英语和西班牙语双语讲述者,这个班上有几个从美洲中部来的儿童就讲西班牙语。他决定讲述的时候参考他手头上的一本书。这是个放大了的版本,罗伯托将它展示在画架上,开始讲述故事,先用英语讲了一遍,又用西班牙语讲了一遍。他是一个很有技巧的故事讲述者,孩子们的注意力很快被吸引了,每当故事停顿的时候他们等着想知道下面会发生什么。他们对用两种语言讲述的故事都表现出了尊重。罗伯托打开了书的页面(里面既有英语也有西班牙语)并邀请孩子们一次上来一名,自己选择一种语言来读一句话。他之前已经跟班上的老师了解过孩子们的情况,所以他邀请的孩子上来都能完成朗读任务。当一名儿童读完后他就用微笑或点头予以鼓励,并请小组中的其他儿童比较两种语言的相似点和不同点。

● 霓娜(Nina)教的是四年级班,她正在开展一项制作图书的项目课程。每一名儿童都在为自己最要好的朋友制作一本书。这个项目持续了一个学期,包含了如大声朗读和倾听故事,参观班级图书角、学校和当地图书馆等活动。孩子们对是什么构成了好书进行小组讨论,也向好朋友调查他们喜欢哪一类书。他们还被告知必须了解他们的好朋友喜欢用哪种语言进行阅读。因而他们正在探究（图书的）体裁、风格、品味、语言以及如何使之与众不同。孩子们只能用他们的第一语言在自制的书上配文，但当地有一些能说别的社区语言的初级中学的学生被选派来做翻译工作。

你可以看到实践者和教师如何根据儿童的能力和兴趣以不同的方式提出像成为读者（和作家）这样的话题，以及如何调整介绍主题的方式，使它们变得更加复杂和抽象。要在学校取得成功，很明显，学习者必须能够处理符号系统和抽象概念。为了能够成功地做到这一点，我们认为他们需要对物质世界进行大量的直接探索，然后才能通过符号系统和涉及记忆的抽象思维来达成这一点。

社会教育学

"社会教育学"这个术语常常用来描述成人可以对促进儿童个性发展、社会教育以及增进儿童整体的福祉做些什么，不论是儿童在父母身边或是在早教机构和学校中时。培养"整全儿童"需要父母参与，发挥家庭教育和关爱的作用。你可以看到在教育学中这条原则总是置于传授学科知识之前的。这也包括了帮助儿童去理解价值观和信念。

在欧洲，"社会教育学"这个单词被广泛运用于早期教育实践者、社会工作者、儿童保护官员之中，在这些专业人士的培训过程中就有这门名叫"社会教育学"的课程。你会发现德国、挪威、丹麦、瑞典、芬兰和冰岛都有社会教育。在英国，这个词则刚刚开始使用，因为校园霸凌、逃学、厌学、虐待儿童等一些问题在教育机构中的出现引起了（社会）越来越多的担心。2008年，儿童、学校与家庭组建了专家队伍对与儿童相关的角色进行了检讨。专家组对研究结果进行了汇报（Kyriacou 2009）。

帕特·佩奇（Pat Petrie）（2005）确认社会教育是实践者对儿童全面发展的考虑，因此涉及发展和学习的所有方面。她认为儿童关心的以及接受教育的每一个场所都可作为学业学习的拓展，包含了学习和发展的所有方面。

卡梅隆（Cameron）（2007）认为英国应该将社会教育纳入他们的体系，但这里有两个障碍：一是在英国，儿童、儿童养育和儿童福利的地位都很低下，二是相比批判性询问英国人更重视认可表现。

布鲁纳并没有提到社会教育学，但是他一定会支持让一种只专注于测试学生的教育学转变为提升学生思考和质疑能力的教育学。几乎不用怀疑，他一定会支持一切旨在促进儿童的社会性、文化和情感发展的干预措施。

对实践的启示

你或许会发觉这章阅读起来较困难，因为你可能觉得这章讨论的一些问题与你认为的教育和关怀没有什么直接的关系。也或者你会觉得读完这章从中可获得的东西很少。但或许你也不会惊讶何以这章得出的对实践的启示比其他章节都要多，因为这章是在比较宽泛的意义上探讨教与学的问题。

1. 就像我们一直被提醒的那样，我们要时时将儿童看作主动的学习者，他们参与到社会和文化的群体中，试图通过合作和对话来分享自己的理解。所以我们要确保在我们的学校及其他教育机构，儿童能够在与他人的合作中积极参与，并进行对话。对于那些英语程度较差的儿童，我们要尽量为其提供请年长的儿童或身边的成人来帮助他们翻译、协调的可能性。

2. 考虑你是如何定义学习并检视你为儿童提供的活动、机会及跟他们的互动、支持是否符合这一定义是很重要的。如果不能做到这样，那就意味着有一些东西需要改变。例如，当你被要求遵循学校的作息时间，将一天分割成许多个短时间的环节，而你确认儿童需要不中断的时间从而更深入地卷入学习时，你可能会试着与学校领导或主班老师谈谈，并给出你经过深思熟虑的理由。

3. 儿童需要创造的机会——提出问题、思考问题并用他们自己的方式表征和解决问题。想想让儿童完成一张学习单，或者只给儿童提供一个模型去模仿，只根据被要求的去完成，能给他们带来创造的机会吗？

4. 儿童需要使用相关的符号系统。他们需要学习字母表和英语语法，假如让他们采用他们更熟悉的系统去学习和表现，或许会学得更好。你应该读过查米安·肯纳（Charmian Kenner）的著作，书中介绍有学习双语的儿童是怎样教他们的同伴关于他们母语的特点和规则的内容（Kenner 2010）。

5. 我们不能只是对儿童带来的东西被动地产生反应。当然，我们需要了解儿童已经知道了什么，同时，我们需要在此基础上为儿童提供进一步深入探究和理解的机会。我们也需要向他们引介新事物和新经验。我们或许可以带他们外出去一些新的地方，也可以邀请一些剧团、艺术家、讲故事者、音乐家或手艺人进入学校和学生一起娱乐。我们会给他们读关于真实世界和可能世界的故事。我们试图让他们去尝试新事物，探究他们究竟可以做些什么。

6. 所有儿童都需要使用适宜的文化工具来理解他们的世界，适应并改造这个世界。这意味着要利用儿童的已有经验，这对于实践者而言，要尽可能了解到儿童在学校或机构外究竟在做什么，以使他们进入机构后不至于像一个局外人。这在实践中很困难，但考虑这点很重要。

7. 建设实践共同体与我们息息相关。家长可视作我们在促进儿童的活动或工作过程中的学徒。刚开始，让这些学徒卷入进来，看一看和听一听。随后，他们开始在实践共同体中扮演更主动的角色，发出他们的声音。这在一个不用英语交流的实践共同体中依然是困难的，我们要努力去了解这些父母对机构的要求和愿望，以及努力让他们明白为什么要在幼儿园里开展那些看起来似乎和学习没什么关系的事情，比如：玩沙、玩水、游戏、画画、户外活动等等。我们不能想当然地认为父母会理解或欣赏那些看起来只是在玩的孩子是多么努力地在学习或工作着，对我们来说，去向父母解释做这些事情的原因以及如何加强儿童的学习和发展能力是非常重要的。

8. 思考教育的政治性以及对教师实践、对家长、对幼儿的意义是很重要的。有些评价造成了对某些人生活的影响，这是不公平的；不是所有人能享受同样的资源，这是不公平的；不能做到同工同酬，这或许也是不公平的。你可能在这些问题面前无能为力，但是知道这些会让你更能体会你是共同体中的一员。这会让你对你所服务的孩子和孩子父母的需求及他们关心的东西很在意。

9. 我们可以从欧洲国家的一些社会性教育以及他们已有的培训中学习。我们要学习在学校和机构中设置一名负责总览儿童整体健康的专门人士，他或她可以提醒其他教职员工教育不仅仅是抄写和测试的课程，它关涉的除认知之外还有个性、情感、社会性、文化和审美。

10. 螺旋式课程让我们思考如何提供和儿童的能力、兴趣抑或是和年龄相匹配的活动，需要鼓励儿童多去参加创造意义和分享意义的课程。他们要有机会通过自己亲身实践的材料去探索多种多样的事物：用手触摸、摔、拉、推，用眼看，用耳朵听，用嘴巴尝，用鼻子闻等等。

他们要和那些能和他们发生互动的人一起来从事这些工作。随着儿童逐渐长大，他们能够运用记忆并参与到依赖记忆的活动中，他们将看到的东西表演出来，尽可能扮演不同角色，尝试换一种情况又会发生什么，等等。

回顾与展望

在这篇幅最长的一章中，我们看到了布鲁纳有关教育的一系列的不同面向的思想观点——实践者在教什么？他们是怎么教的？儿童所感受到的和经历的是什么？我们是从布鲁纳对于民间教育学的批判开始的，这让我们思考我们是怎么定义学习并且这个定义又是如何影响我们的实践的。这也让我们思考这些根据某些主题的共同学习是如何形成实践共同体的，这对于被接纳的学习者来说是具有积极意义的，而没有完全投入的学习者则是被孤立的。我们不仅考察了文本的国家课程而且还考察了无意识的或隐性的课程，其对儿童的动机、自尊和自信的形成都是有非常大的影响的。本章我们花了很大的篇幅去探讨如何为儿童提供引发他们提出问题并寻求问题解决的活动。无论是布鲁纳还是我们，都将此理解为成功的早期教育的关键特征。随后，我们又关注了另外的问题：布鲁纳的螺旋式课程，他认为任何主题都可以用适宜的方式介绍给不同年龄的儿童，当儿童的学习越来越趋向抽象化、复杂化以及内在化，相关主题的学习便会在儿童的不同年龄阶段通过适宜的方式得到一次又一次的重温。我们接触了有关社会性教育的观念——这涉及完整儿童的整体健康——这可能是儿童早年教育实践中最适合的。本章在结尾列举了这些观念对于教育实践的启示。

下一章，本书的最后一章，将致力于介绍布鲁纳有关叙事在学习中的重要性的多年研究。

CHAPTER NINE
Narrative: the making of stories

第九章

叙事：故事的讲述

引言

本章我们将注意力转向布鲁纳新近的一些研究工作，他全神贯注于我们是如何通过故事讲述来解释和理解世界的。在他所著《故事制作：法律、文学、生活》（*Making Stories: Law, Literature, Life*）（2002）一书中，他洞见了我们讲述故事的目的是试图理解我们的生活，以及检视生活背后的道德、伦理。如前文所述，布鲁纳认为叙事是用来理解和解释生活的一种方式。他在思考如何使之成为能为其他许多学科服务的工具，其中一些就是在书的副标题中所列的法律和文学以及人类学。在本章中我们会尝试探究几个主题，包括为什么要叙事及其何以可能，叙事的本质及功用，为什么是故事而不是其他，儿童生活中的叙事，以及叙事、认知及自我。

叙事及其何以可能

在过去的二十年间，布鲁纳系统地发展了可称之为文化和思维的叙事视角的理论，他认为真相是由自身的叙事建构起来的。他关于叙事的研究兴趣始于他执教的两个讨论班，一个是由一群心理学家构成的，另一个则是由一群从事叙事的作家（比如：诗人、小说家、评论家、编辑以及文字爱好者等）组成。这两个组的成员都对心理学、叙事的问题以及有关读者、作者、文本等问题感兴趣。但他们的出发点和分析却大相径庭。布鲁纳称心理学家组的工作方式为"自上而下"的，而作家组的工作方式则被称作"自下而上"。意思是心理学家组从事叙事研究的方式是思考叙事及思维、认知之间的关系，他们关注故事的解释能力。某种意义上说，他们从事叙事研究的方式和科学家开展研究并试图解决问题的方式是相同的——找出模式及答案。对布鲁纳而言，这种工作方式（他称之为科学逻辑的或范例的）忽略了情境。作家组的研究则是"自下而上"的，因而非常不同。他们选取了一段特别的叙事，或诗歌或故事、章节，寻找证据试图理解作者想要表达的意思。这种方法更加依赖文化和情境，他们阅读故事是为了寻求文本蕴含的意义。

叙事的本质及功用

根据布鲁纳的说法，我们之所以要非常仔细地探究叙事是什么并了解叙事是如何达成的有着以下两个原因。一是为了掌控或清除某些事情的影响，例如在精神病学领域，病人若在帮助下能有序地讲述"正确类型"的故事，就能被看作是好的表现。弗吉尼亚·亚克斯莱恩（Virginia Axline）（1964）曾写过一个关于名叫蒂伯斯（Dibs）的5岁男孩的很像电影一般的故事。据说这个男孩智商非常高，但却缺乏与人相处的能力，不能控制自己的情绪，如恐惧、生气等。他是由他的父母带到亚克斯莱恩的诊所的,因为父母和老师都没有办法对付男孩,没法制止他对同学的身体攻击,也没法让他在班中跟别的同伴交往。通过一个缓慢、痛苦且长时间的游戏治疗,男孩终于能开口跟亚克斯莱恩讲讲他认为"对"的故事了。讲了一年关于恐怖和悲剧的故事后,在一次游戏治疗中他告诉亚克斯莱恩:

> "鸟儿从树上飞过来,我打开窗跟它们说话。我把它们派到世界各地。我让它们去加利福尼亚、去伦敦、去罗马,去给那里的人们唱歌,让他们快乐。我喜欢这些鸟儿,我们是朋友……但现在我必须要做一件事。我得把我的妹妹从盒子里弄出来并想好和她一起玩什么。她必须待在家里。爸爸从办公室一回到家就会责骂她,她就会去和猪住在一起,妈妈也是这样。"他笑起来,"这不是真的,妈妈、爸爸、妹妹还有男孩,他们都住在一个房子里。"他捡起他自己指定是蒂伯斯的小男孩人偶以及另一个长大了的蒂伯斯人偶,举在手里,"这是小蒂伯斯,这是大蒂伯斯,这个是我,这个也是我。"
>
> (Axline 1964:178)

从这个令人感动的故事摘录中,你可以看到这个男孩显露了他所叙述的故事中的某些不能为人所接受的部分,比如让他的妹妹和猪一起生活,同时也显示了他是知道怎么样的故事才能为人所接受的。布鲁纳认为通过儿童自己的关于"真实"的叙事版本可以诊断儿童精神健康的状况。

布鲁纳认为研究叙事的第二个理由是理解真实世界中的关系,将其看作真实人生的镜子,去探究人类的动机、感受和愿望、期待和梦想。当你关注叙事时你就会意识到,尽管故事本身总是源于真实的生活和文化，但它们往往会超越现实而进入可能世界。想想那些我们曾经听过或读过的故事——爱丽丝梦游仙境（Alice in Wonderland）、狮子、女巫和魔衣橱（The Lion, the Witch and the Wardrobe）、绿野仙踪（The Wizard of Oz）以及哈利波特系列故事（the Harry Potter stories）等。作家们都很清楚他们的故事取材于真实世界或者故事是他们对真实世界的演绎。作家们通过叙事创造出了他们的世界和他们的文化，并借此让读者或听众理解一些一般概念（如爱、恨、嫉妒、恐惧、愤怒、手足相争、羡慕、愿望等等）。这些或好或坏的一般概念在真实世界或想象的世界中都可触及。所以我们的叙事可以包括多种方式：自传、传记、小说、爱情故事、童话、科幻或纪实。

人类之所以有别于其他物种是因为人有一种能够理解他人的思想、感受、意图、动机和愿望的能力，这可称为主体间性，我们在前文已经接触到这个概念。托马塞洛（1999）认为我们具有的主体间性的能力可以让我们在一种文化下共同生活。布鲁纳加上了自己的想法，这种集体生活只有在我们可以有组织地通过叙述经验而获得交流中才可能达成。他的主题是关于我们的经验、需要、愿望和动机的组织，布鲁纳称之为"集体硬币"（collective coin），可以将我们个人独特的经验转入，并能彼此分享。作家们或许将我们带入的是一个我们不怎么熟悉的世界，但是文本中蕴含的丰富的普适价值观可以让我们最终获得结论，尽管有时结论不是以直接的方式而是以暗示的方式婉转表达的。这里有一个例子。这是作家阿兰达蒂·洛伊（Arundhati Roy）写的唯一一部小说——《微物之神》（The God of Small Things）中的片段，小说很精彩，"作为孩子的她很快就学会忽略她所读的小说中熊爸爸和熊妈妈的故事，在她的版本中，熊爸爸用铜花瓶砸熊妈妈，熊妈妈忍气吞声地遭受着伤害"。（Roy 1998：180）作者洛伊仅用了四十个英文单词就将曾经目睹过虐待的读者带回到他们的早期经验中，三言两语便让我们感受到了这个孩子遭受了怎样的痛苦。我们也不必亲身经历被虐待便能理解这一切。认真思考一下这告诉了我们什么？我们可以通过让儿童读故事、听故事、讲故事、演故事来帮助他们克服一些生活中的困难。这对我们的课程和对我们如何组织时间和活动有着巨大的启示。

合法故事和人类学叙事：深描的意义

创作故事并非想办法把故事塞进虚构的世界里。叙事在真实世界中的很多方面都有表现，包括在法庭上。合法故事是在法庭上叙述的故事。有两个讲述者。首先由原告力陈另一方有违反地方或国家法律、章程的行为，然后是被告反驳，申辩并未发生原告陈述的行为或并未参与。法官必须在这两个故事中做出选择（当然应该是基于证据和法律程序来进行），最后进行裁决。本质上说，陪审团必须对哪个故事真实、合理，是否有证据支撑，是否可信做出决定。布鲁纳花了很多篇幅讨论什么使故事听起来合法，我们在此不讨论这个问题，但我们会关注布鲁纳有关文化是理解故事之根本的观点。我们将再次转向文学，并从中举例。

这次我们来看的是哈珀·李（Harper Lee）著名的作品《杀死一只知更鸟》。故事的背景是在美国南方腹地，主要反映了种族的不公正和对无辜者的摧残。故事中的英雄阿提库斯·芬奇（Atticus Finch）是一个反种族主义、信仰自由、有着两个小孩的白人律师。汤姆·罗宾森（Tom Robinson），一个黑人，被指控强奸白人妇女，阿提库斯·芬奇在法庭上为他辩护。

选摘的这一段是在法庭上汤姆被公诉律师询问，而吉尔默（Gilmer）先生，他所做的就是要站在受害者埃维尔（Ewell）小姐一方指控犯罪。从汤姆的反应中他指出汤姆为埃维尔小姐做零工的事实。阅读下面一段注意律师的语调以及他未直说但有暗示的部分。

"你给那个女人做零工为什么会觉得不安呢?"

汤姆·罗宾森犹豫了一下,寻求合适的表达:"就像我说的,她看起来似乎是没人帮她……"

"那埃维尔先生和七个孩子在场吗?"

"呃,没有,我说了看上去没有人帮她……"

"那你就把所有的柴火都劈了?"

"我只是想帮帮她,我说了。"

吉尔默先生狡黠地对陪审团笑了笑。"你真是个大好人,做这些,不为一分钱的报酬?"

"是的。我觉得对不住她,她看起来是想自己多做些……"

"你觉得你对不住她,你觉得你对不住她?"吉尔默先生似乎准备好火力全开了。

证人意识到了他的错误,在椅子上不舒服地换了个姿势。但大错已铸。

(Lee 1960:201)

美国南方腹地的文化背景中的偏见和歧视在吉尔默先生的话语中显露无遗,且必然导致了案件的结论。(如果你没读过这本书,或许会引发你阅读的兴趣)

马汀利等人(Mattingly et al.)(2008)告诉我们说布鲁纳不仅关注叙事的文化性也关注文化的叙事性。因而人们讲述故事是因为故事发生在他们身边并且他们需要在社区年长者的帮助下去理解故事。用布鲁纳的话说:

> 这就像当我们走上舞台,角色该如何表演都已经被规定——一场戏中有些开放的情节决定了我们该如何表演以及最终会导向什么样的结局。在舞台上的另一些人已经对剧情有所了解,这使他们足够具备和后来者进行协商的可能性。
>
> (Bruner 1990:34)

我们不会在真空中乱写乱编出一个故事,而是会根据生活中的故事、仪式和习俗来进行创作。

在人类学研究领域,所描述的研究对象的生活和文化的方式往往比单纯观察到的更加丰富。这涉及著名人类学家克利福德·格尔茨（Clifford Geertz）所说的"深描",在他看来观察不仅仅是研究者的所见所闻,更重要的是,他们对所见所闻的解释。格尔茨说:"所谓数据其实是研究者对于研究对象及其同胞们对他们所属世界所建构的经验的建构。"（1973:9）格尔茨被称为解释学人类学家。为了更清晰地说明这一点,让我们来看一个由来自英国、加拿大、泰国和意大利的研究者组成的研究团队实施的一个研究项目。他们把这个项目取名为"生活中的一天"。他们首先是从秘鲁、意大利、加拿大、泰国和英国五种不同文化的国家中分别找到一个两岁半的女孩,并摄录其生活中的一天。研究者观看影片,挑选片段合并成一个录像片。然后他们将录像片提供给当地研究者和参与研究的家庭。这些人员在观看录像时的反应也被用录像的方式记录下来。接下来,通过检视所有的资料以获得对某种文化背景中的孩子更多的理解。这个研究非常精彩,是一个很好的"深描"的例子。之所以说是"深描",是因为其中包含多层的解释,一层描述和解释会是另一层解释的基础。这儿有一些吉伦（Gillen）（2007）在这个研究中的小片段供参考:

为了描摹出幼儿在她的文化背景中与他人互动的图像，研究者还进行了一个环节，即当他们将合成的录像片交给孩子的家庭时，对他们关于从录像片中看到了什么进行了访谈，并将访谈录制了下来。有一个访谈的问题是研究者对当地的调查者特别要求他们关注的，就是家庭对什么是"强健的儿童"（strong child）的看法，众所周知，这也是英国早期教育阶段纲要中的重要主题之一。受访家庭被要求用他们文化中的适宜的、积极性质的形容词来形容他们自己的孩子。在加拿大，孩子的母亲说她的孩子应该健全发展，意思是善良、独立、待人友善。在意大利，孩子父亲强调家长在孩子幸福成长中的作用，以及在把孩子培养成为有同情心的、乐于分享的、有能力且独立的人的过程中，他们会给孩子传递的"良好生活准则"（Gillen 2007：212）。

泰国的家庭希望孩子成为自信、孝顺、忠于家庭又能自立的人。秘鲁家庭的父母、姑妈及祖父都承担着重要的角色，他们重视传统价值观的传递。在英国，双胞胎孩子的母亲觉得他们是不同的两个自我，强调环境的影响，关注了孩子的不同需求。

来自南非的叙事

哈西纳·埃卜拉辛（Hasina Ebrahim）（2008）写了一篇有趣的文章，是有关将儿童卷入研究项目的伦理方式的检讨。这个研究项目在南非的夸祖鲁-纳塔尔省（KwaZulu Natal）的两所儿童教育机构开展。这两所机构的服务对象来自非常不同的社区，提示着这个社会的种族隔离问题。A中心是针对白人区域中产阶级子女的一个私立机构。种族集中及父母的缴费给这个机构带来较好的资源保障。这个机构中有十名儿童参与了这个研究项目，五男五女，年龄是2岁至4岁。B中心是位于小镇边缘的非洲人聚居区域的一个机构，资源比较匮乏。该机构有小额的来自社会发展部的资助，也参与了一个关注艾滋病影响和学习障碍的项目。这个区域非常贫穷，犯罪和疾病肆虐。有来自这个机构的八名幼儿参与这个研究，四男四女，年龄是4岁至6岁。

为开展这项研究，埃卜拉辛要取得相关成人的同意。在A中心，家长们都极其自信地自动成为儿童的代言人。任何拒绝参与的意见都来自白种人家长，他们担心如果研究占用了时间，他们缴纳的费用就浪费了。有些家长不认为自己的孩子有任何可以让研究者分享的东西；有一个非洲裔家长则担心自己的孩子在英语能力上的欠缺，不过当听说有年长的会说祖鲁语的孩子能担任翻译后就安心了；有些印度裔的父母则因该研究是埃卜拉辛博士论文的研究主题而被感动。

在B中心，由于这是一个社区项目所以也必须有进入这个社区的途径，这个项目的进入通过了相关政治领导、传统首领、家长及该地区非政府组织工作人员的协商。受到咨询的人员对这个项目非常支持，他们想的是这个项目可能不仅会给参与的儿童带来信息，也可能会给机构带来某些促进发展的机会。当然，这是超出了研究范围的。与这里的家长或照料者交流是很困难的，一方面是他们几乎没有受过教育，另一方面是他们那些超出研究范围的愿望。一个生身母亲和八个祖母（她们是孩子的照料者，孩子的母亲都已过世或离开孩子）参加了会议。她们没有人提出拒绝让孩子参加研究项目，埃卜拉辛认为这是因为学校机构在这个被剥夺了很多东西的环境中被照料者们看作安全、学习和有希望的地方。鉴于许多孩子在他们短暂的人生中所目睹的那些东西，参与这个项目被看作是个轻松的选择。

埃卜拉辛写了许多关于儿童如何参与该研究项目的内容,并对在帮助分析所观察的事物中"深描"所起的作用进行了解释。她说她不仅对儿童所说所做进行了记录,也对他们的手势、表情、姿势和动作进行了记录。她观察了儿童参与的各种活动例如:跑步、跳跃、画画、制作照片墙和讲故事等等。她说:"幼儿通过讲故事来建构自我意识,成为文化中的一部分,理解外部世界,解决问题,处理情绪问题及和他人建立关系。"(Ebrahim 2008:7)看起来很明显,观察儿童的叙事是理解他们如何理解这个世界的非常有效的方式,当然也有一些理所当然的事会发生:由于故事没有开头、中间或结尾,无法用固有的关于故事的概念去看待。有些由B中心的儿童讲述的故事非常感人,他们讲述疾病、死亡、失去亲人、悲伤。A中心的儿童的故事则是关于孩子、关系、学校的知识和什么对男孩好、什么对女孩好等内容。

儿童生活中的叙事

布鲁纳告诉我们,儿童很早就开始进行叙事。有孩子的或常和孩子在一起的人对此不会感到惊讶。孩子几乎刚开始说话就会将表情、手势和语调结合起来进行微型的原型叙事。以下是几个例子。

- 孩子盯着她手里空了的冰激凌筒,用惋惜的语气说,"吃完啦!"(孩子讲述了一个不愉快的故事,她吃完了所有的冰激凌,一滴不剩了)
- 阿图洛(Arturo)在生日时得到了一个礼物,开心地喊着"ammi me"(ammi 是他对他的姨妈的称呼)。(阿图洛讲述了一个快乐的故事,他姨妈送给他一件生日礼物,他很高兴)

通过讲述故事来获得经验的强烈愿望似乎是从儿童与某种文化情境中的成人最早的对话中诞生的。你应该已经在本书前几章读过类似内容。在这些交流中,从成年人进入幼儿故事叙述中进行交流的意义来看,成人的意图也可以视为叙事。凯瑟琳·思诺（Catherine Snow）（1977）的作品中有一个很清晰的例子。在她对那些初为人母仅几个月的母亲的话语的分析中，她指出那些母亲是在用很明显的叙事的方式在评论日常事件，她们会投入动机、情感，形成情节的雏形。这里是几个学生提供的例子。

- 当孩子把拨浪鼓扔在一边后我会询问孩子"它去哪儿了？"，我的丈夫就会笑话我，他问我是否觉得孩子知道自己对拨浪鼓做了什么事，并且觉得孩子可以说出答案来。

- 我妈常常觉得我荒唐，因为我会跟孩子这样说话："我知道你在笑什么！""脸上不要做出这种不耐烦的表情啊。"她说我这是把孩子看得比她自己还要能干。

戈登·威尔斯（Gordon Wells）提供了一个名叫马克的孩子的例子，孩子刚过完2岁生日，和她妈妈进行了真正的对话，他们轮流对窗外的鸟儿在干什么发表评论。对话是由马克发起的，他引发了妈妈对窗外鸟儿的注意，他妈妈就问他，鸟儿在做什么。他的答案除他妈妈外无人能懂："Jubs bread。"（"Jubs"是他对鸟儿的称呼）威尔斯告诉我们两周以后这个孩子和他妈妈的对话就有了进一步拓展。当他们在说着虚构的购物之旅时，马克渐渐成了主要讲述者的角色（Wells 1981）。

布鲁纳（2002）写过关于婴儿叙事能力早熟的文章，在写作中他引用了对艾米（Emmy）临睡前在床上冥思的录音带的研究。这些录音记录的都是还不足3岁的艾米。在他引用约翰·卢卡里埃洛（Joan Lucariello）的《独白是对世界以叙事的方式进行的娱乐》（*Monologues as Narrative Recreation of the world*）的论文中他呈现了幼儿如何运用叙事。在随后的一本书中，他讨论了一些令人惊讶的发现。例如，艾米不仅说到日常生活的常规，而且看起来似乎对一些奇怪、意料之外的事情都很感兴趣。随后她回想她过去遇到类似的事情时是怎么解决的，以及设想将来再遇到这样的事会怎样应对。布鲁纳总结道艾米非常有意图地要使她的故事发展顺利，她看起来有一种能让她找到用合适的句法形式进行叙事的敏感性。因此，布鲁纳提出，为了理解现实，我们人类可能有一种讲故事的天赋。

儿童变成叙事者的原因是孩子们在探索他们对这个世界应该是怎样的所进行的预期。他们通过经验和交流以及对这个世界的模式和常规的探索来发展他们对世界的预期。他们也喜欢预料之外的、令人惊讶的、奇幻的事物。回想一下你之前在这本书中读到的成年人和孩子玩的悬念与预言的游戏，孩子们在这个游戏中是多么快乐啊。在那些故事中，总是有一个方面是无法预期和非同寻常的，这是他们看待和探索这个世界的乐趣所在。这里有一些由幼儿讲述或撰写的叙事的例子，寻常日子中混杂了奇幻和怪诞。

- 第一个故事是由 4 岁的奥克塔维亚（Octavia）讲述的。这是一个儿童将书籍中的语言和日常用语结合起来的非常好的例子。

"从前我还很小的时候在我的花园里，一条蚯蚓从我的植物里爬出来。"

- 第二个故事由 5 岁的萨姆（Sam）撰写：

一个女巫抓住了一个小丑，她在小丑身上插了一把刀子。她加上魔粉杀死了这个好玩的小丑。她杀他仅仅因为他很搞笑。她杀死搞笑的小丑的原因是她不喜欢好玩的事情，偏偏所有小丑都好玩尤其她杀死的那个。除女巫以外的每个人都很喜欢他。甚至其他的女巫也非常喜欢他。大家都觉得这个小丑很出色，只有这个实在是讨厌好玩的事情的来自野生世界的女巫不这么认为，她是真不喜欢好玩的事情……

- 这是彼特（Peter）在他7岁的时候写的。这个故事叫作《破坏了激光束的男孩》：

很久以前，那时还没有汽车，有一个叫约翰的小男孩。约翰喜欢去森林看望他的爷爷奶奶。有一天，他要穿越森林，正当他要穿过四棵树之间的一片空地时，一张巨大的网弹出来把他网住了。他所知的接下来的事是他在一只蝙蝠的爪子上飞去附近的一个洞穴……

- 克劳提奥（Claudio）编了一个关于女巫的球的故事。故事是这样的：

只有通过女巫的球才能看到未来。我们无法看到：我不知我明天是否一切安好！要知道你不得不学习，必须要用你的头脑。明天就是未来。玻璃球可以让你看到明天将发生什么以及看到过去已经发生的事情。女巫们跟我们差不多，但是她们只有一颗牙——生来就那样。现在她们都死去了，留下了玻璃球，我们就可以从中看到我们的未来。

（Five and Six Year Old Children of the Fiastri and Rodari Preschools 2001：46）

建构自我的叙事

布鲁纳说，毋庸讳言，尽管研究者和哲学家们历来是将思考和探询相联系，但也有另一种思考方式，即走向故事讲述或叙述的思考。有一种特别的叙事是关于作者自身人生经历的叙事，称为自传。在布鲁纳看来，这可以看作一种理解自我和理解自己人生的方式。他引用了奥斯卡·王尔德（Oscar Wilde）的一句话：不仅仅是艺术在模仿生活，生活也在模仿艺术。我们对日常生活中的事件形成的反应模式对于我们能成为怎么样的人起着重要的决定作用。而我们所讲述的关于我们的生活的故事是有所选择的（该讲什么，不该讲什么），也是经过反思的。建构一个生活叙事是复杂的、已具文化属性的认知和语言的构造过程，涉及事件的结构、记忆的组织以及我们所讲述的故事的形式等相关问题。我们依照我们文化中已有的此类故事的表述习惯来发展故事。

诗人迈克尔·罗森（Michael Rosen）选用诗歌的方式来表达源于他生活的一些故事。在那本名为《背着大象》（*Carrying the Elephant*）的诗歌集中，他讲述了一些他生活中的事件，源于他左翼的犹太养育方式，在英国广播公司（BBC）受训的那段日子，他遭遇了婚姻的解体以及他18岁儿子埃迪（Eddie）的悲惨离世。下面这些摘录的片段是自传的选择性和反思性很好的例证。

> 父亲说部队到达柏林了
> 他被安置到一间空房。
> 书架上是德国最伟大的文学家——歌德、席勒等人的作品。也有拉丁文的，一卷又一卷。
>
> （Rosen 2002：1）
>
> 亲爱的乔，你那会大声吵闹的哥哥
> 去世了。我无法像我的父母曾经做过的那样：
> 糊里糊涂抚养两个相差4岁的儿子。

我不知我是否能像他们那样,把这看作在一开始就失去了的。

(Rosen 2002:47)

迈克尔·罗森在他第一首感人至深的诗中,讲述的是他的父母。他的父亲哈罗德·罗森(Harold Rosen)自己也是一个故事作者,他在叙事领域还颇有权威。在他的小册子《故事与意义》(Stories and Meanings)中,他写到了关于叙事的重要性及其所具有的力量。他谈到在学校时他如何被委以故事讲述的重任,老师要求他选择三个故事,分别是虚构的、真实的以及带有个人自传性质的。他挑选了奥斯卡·王尔德的《快乐王子》(The Happy Prince)作为虚构的故事,讲述了在学校中的一个小时内所发生的事作为真实的故事,他自我介绍的故事概览如下所示:

在我14岁左右,我们六个人在学校经常属于后进生,这个学校是英语学校中的"收容所"。班上一个新来的男生,在班主任离开教室的时候把灭火器拆下来了,班主任是个很无用的人,冲进来在灭火器最后一次微弱喷射之时将其弄到了窗外。

(Rosen 1984:36)

你这里所看见的是他发展的故事的骨架,看起来就像是书的最后一章。阅读完整个故事你才会清楚他讲述的是那个时代的一些很险恶、很艰辛的故事,这是那个时代的象征:关于反犹太主义。

有许多你能读到的自传都是以故事、诗歌或日记的形式来讲述的,但你也可以对你机构中的儿童讲述或创作的简单的自传进行关注。它们通常不够长也不够清晰，但往往是很具启发意义的。这里提供一些作为参考。

如果对自传（的速写）有一些困惑的话，阿丽莎（Alessia）的这则故事是一个很好的例子：

> 我的妈妈和爸爸结婚、我的出生和我弟弟的出生，都是他们梦想成真的时刻。这样的时刻美得像彩虹。我的祖父母在他们的孩子出生时拥有这样的时刻，后来爸爸也是如此。有时，未来也会遇到一些悲伤挫折，让人落泪的事。而中间部分则是旁观他们尚未遭遇的别人的欢喜忧伤。
>
> （Five and Six Year Old Children of the Fiastri and Rodari Preschools 2001：42）

下面这则写的是有关爱的主题，一个瑞士的6岁的孤儿所作。

> 我的爸爸去世了，妈妈也去世了，姐姐病着，由叔叔照顾我。我照看小宝宝。当我叔叔外出工作时我们就得出门，他把门锁起来。外面很热，我们会渴，小宝宝就会大哭。我的生活让人觉得悲哀。（一个学生提交）

最后这则是从佩利幼儿园的孩子扮演的许多精彩的故事中挑选出来的，你可以自己来决定这是否是自传。

> 从前有个妈妈、有个爸爸还有两个小女孩。爸爸说："起床啦。你们的妈妈要去工作了。"她们就起床，妈妈也去工作

了。但爸爸待在家。爸爸并没有在她们玩耍的房间，她们就玩开罐头用的起子，结果她们的手指被弄破了。爸爸看到她们做的这些并告诉妈妈。妈妈说："去你们的房间吧。"从此他们过着快乐的生活。

(Paley 1988:95)

儿童会用多种方式来处理生命中的悲欢离合，其中最强有力的一种就是创编、讲述或者表演这些故事。在这些故事中都有些自传的因素，因为利用自己的生活经历和故事是最好的，其中也会有幻想、幽默、灾难、恐惧和奇迹的因素。

对实践的启示

在学校或班级的日常工作中你几乎肯定已经在运用故事或叙事了。你每天可能有一个或多个讲故事的环节或圆圈活动（集体活动）的时间，你认真地做计划，用心选择图书、故事或押韵诗歌，考虑是否可能用视觉辅助手段来吸引那些将英语作为一种额外语言的孩子去理解意义。但你还可以有更多的尝试。

1. 你可以给孩子们读故事、讲故事，此外，你还可以让他们自己创编、讲述并将故事表演出来。我们已了解过薇薇安·古辛·佩利是如何带着她幼儿园中的孩子开展这些活动的，你也一定会对安妮·海斯·戴森（Anne Hass Dyson）的著作《超级写作英雄》（*Writing Superheroes*）感兴趣。在这本书中，戴森分析了她是如何和年长的儿童在一起的，她让孩子们知道她很关注他们被允许带进教室的兴趣爱好。孩子们那时候感兴趣的是超级英雄以及流行文化中其他一些人物，他们讲述着这些故事。一些实践工作者会给孩子们提供一些材料方面的辅助来鼓励活动的开展，比如，一张椅子，名为"作者之椅"，孩子们可以轮流坐上这张特殊的椅子从而获得那天讲故事的机会。

2. 当你给孩子们讲故事或者在聆听他们给你讲故事时，请注意那些可以让孩子表达他们情感的机会。孩子们有时只会在有机会表达的时候才会表现出他们的关心、害怕和愉悦的情感。故事讲述就是一个很好的表达方式。下面这个例子依然取自佩利，在她名为《儿童的善良》（*The Kindness of Children*）一书中，她写了一个8岁女孩凯莉（Carrie）告诉她什么是她称为"谜"的东西。

> 每天你都在寻找谁喜欢你，有时你会觉得你找到了，但到第二天，你又得重新开始寻找。（一个关于她努力交朋友的完整而不愉快的故事）
>
> （1999：120-1）

3. 你应该还记得布鲁纳坚持的主张，故事讲述可以让儿童或其他人探索一些一般概念，如爱与恨、恐惧和愤怒、嫉妒和竞争等等。你给孩子讲述什么样的故事非常重要，同样你也要非常重视孩子们对你讲述的故事，这样你就可以识别他们在关心什么样的问题，如果必要，你得有跟进的措施。上述有关凯莉的例子，这是佩利的跟进。

> 我用一只手臂搂着她等待着。她还有很多话想说，但当她把话说出来后就再也没法用"谜"来掩饰了……"那些小孩都不喜欢我"，她直截了当。纵然佩利有着四十年的教育经验，也丝毫没有减弱这句话给她带来的冲击……"他们为什么会这么不喜欢我呢，我想是我说话的方式，还有我笑得很傻。我从来都弄不懂他们的笑话，然后总是一副傻傻的样子，让他们受

不了……"

(Paley 1999：121)

佩利能将凯莉的疑惑转变为班级的活动主题，帮助他们一步步解决被同伴欺负的问题。

4. 叙事的另一个特点是如果你要求孩子把真实的故事详细地写出来，故事也无须事无巨细地一一表达。故事叙述会允许作者要求读者完成一些工作。最近我带一些孩子去了剧院，这些孩子都是在电视、DVD、计算机、电子游戏和其他电子产品的世界里长大的。我很惊讶这些孩子他们从不去怀疑。当剧中的一个角色指着剧场的天花板说："哦，看那些鸟儿在我们的头顶上盘旋，"孩子们没有抬头，并对我抬头的举动表示非常惊讶。他们说："我们知道在屋子里是不可能有鸟儿的，所以没有抬头。"我们需要给孩子们创设想象的机会，并和他们一起想象。我们要有信心，不仅要给孩子读故事，还要给他们讲故事。当我们运用复杂的话语讲故事的时候，孩子们的头脑中正在用各种明喻、暗喻，勾勒着画面。当然你也要注意有些孩子需要你为他们提供可视的线索，这就是为什么当我们组织讲故事环节时，有的需要一些可视的资源，有的则不需要。

5. 你应该还记得人类学家吉尔茨，他说采用"深描"即可以从不同的视角指出事物不同方面的细微具体的差别。这对年幼的孩子而言是特别符合的。对不同的对象或在不同的情境中，他们会展示出他们不同的方面及不同的发展状态。你将会知道叙事及它的可能性保证了为所有这些涉及孩子的问题提供出一幅孩子是怎样在成长的清晰画面。

6. 另一个更明显的启示涉及你对你关怀的儿童所抱有的期望。我们需要时时提醒自己所有的孩子——不管多小，无论来自什么家庭，说何种语言——都是有能力的、有好奇心的、有假设能力的，是需要社交和互动的生物，他们渴望交流、渴望学习。对孩子抱有高期望意味着你要确保你的课程是建立在孩子们先前的经验基础上的，允许他们提出并解答问题，允许他们相互交流。

结　语

　　94岁高龄的布鲁纳，在儿童发展和学习领域做出了很多贡献，因而我们可以获得更好的理解。他很多的研究工作都是具有独创性的。在他漫长的一生中，有许多学生、教师、政策制定者受到他的思想的影响。他也获得了许多的认可和荣誉。2007年，牛津大学的一栋建筑以布鲁纳的名字命名，在那里，布鲁纳度过了一段富于创见的岁月。在揭幕仪式上，布鲁纳以他最新的有关叙事作为一种重要学习工具的理论为主题做了演讲。

　　在他一生所承担的多种角色身份中，他始终坚持他的政治伦理立场。第二次世界大战刚开始的时候，年轻的布鲁纳在西班牙内战中加入共和党军队，但终因视力不佳遭到拒绝。20世纪60年代的一系列事件包括公民权利运动和反战运动中，布鲁纳像他同时代的人一样在思想上受到了影响，尽管他没有成为一名革命者，但他一直是个叛逆的局外人。

　　最近一次对瑞吉欧·艾米莉亚的访问中，我参观了由一家帕马森乳酪厂改造的用以纪念马拉古齐的瑞吉欧儿童中心。在那里的一面墙上，我看见杰罗姆·布鲁纳面带微笑的相片和纳尔逊·曼德拉（Nelson Mandela）、达里欧·福（Dario Fo）、霍华德·加德纳（Howard Gardner）等人的相片并置在一起。此外，儿童中心中陈列的儿童作品，展示出了儿童的能力，他们精彩的提问以及关于问题的回答，他们运用各种可获得的材料去表达自己的思想和情感，这些都牢牢根植于这个意大利北部小镇的独特的文化和背景之中。记得20多年前与马拉古齐的一次会见，他说他坚信在接受正式（学校）教育前打下的根基，是可以帮助儿童进入正式学校教育系统后继续保持一种思考的、表达的、交流的、有能力的人的状态的，因而使他们能在枯燥的学校体制中生存。

儿童中心不仅对马拉古齐的研究工作表达敬意，也对所有支持他工作的人表达敬意：社区中历任政治领导人的一些女性，对马拉古齐的项目给予了支持并继而在经济上进行扶持；也有博洛尼亚附近及世界各地大学的研究者和思想者的支持，布鲁纳便是其中之一。在这个中心内部有一个可移动的永久性装置，被称为光线（the ray of light）。这个作品出自那些本学区的托幼机构的教育实践者，他们注意到孩子关于光的幻想，并记录了他们的提问以及如何开始进行问题探究的过程。这个永久性装置的展示有着对光线的多种方面的探究：彩虹是怎么来的？荧光、反射、阴影、光和水、弯曲的光线、折射等等。有四名工作坊专职教师为这个装置工作，孩子们则成群结队地来体验活动。有学步儿、幼儿园的孩子、小学的孩子，最近还有中学的孩子前往。所以在这里我们就看到了实践中的布鲁纳的螺旋式课程。孩子们在这里所做的和所说的都会被记录下来，最终会呈现在书中或展览之中。

工作坊专职教师坚定地认为这种方式能够更好地促进儿童假设能力方面的精神气质。他们知道正式学校教育重视的是掌握问题的答案，但

结　语

从布鲁纳对教育更广义的理解层面上看，更重要的是儿童能获得用各种可能方式去探究他们所接触的能激发他们兴趣的事物的机会。在这里，科学、逻辑、美学和情感联姻了。在这些，一切你所期待的，都深深扎根于当地的文化和社会情境之中。这也导致了发生在瑞吉欧·艾米莉亚的这一切几乎无法被复制（"出口"）到任何别的地方。

正如我们所见，布鲁纳的影响已不啻他自己所选择的专业领域——心理学，在其他专业领域也有广泛影响，包括他在叙事方面的研究与早期儿童教育、法律、医学以及文学等学科领域间相互作用、相互影响。他在叙事方法方面的总结可谓泽被后人。

> 故事讲述具有双重文化功能，一是使陌生变熟悉，另一是使我们自己变得私人化和独特化。当学生们被鼓励去设想一系列情境下可能出现的多种结果时，他们是在展示他们所具有的围绕某一主题运用知识的能力。他们无须通过实现这些具有逻辑性的假设去获得对故事的理解，因而他们不仅仅拥有这些事实和知识，还超越这些，运用他们的想象力去设想其他的结果。这能促使他们去思考未来，这同样也会给教师带来触动。
>
> （Crace 2007）

从这个意义而言，本书讲述的是一位几乎跨越整个20世纪并迈入了21世纪的非凡人物的故事，故事涉及他的生活、他的时代以及他的思想。这个出生时近乎失明，最后成为学者、教师、理论家以及人文主义者的人物，通过他的等身之作，让我们了解了最有效率的学和教的方式。让我们以他自己十年前所写，至今仍与现实密切相关的一段话来作为结尾：

毋庸置疑，学校教育仅仅是引导年轻人进入正统文化的途径中的一小部分。与其他引导年轻人合乎公共生活要求的途径比较，学校教育更受争议……越来越清晰的是，教育不仅仅是传统学校所重视的课程、标准和测试。我们的学校所做的只是让我们在一个更广阔的社会背景中理解社会在年轻一代身上投资教育的意图。最终可以确认的是，如何设想教育取决于对公开声称的或隐蔽的文化及其目的的设想。

（Bruner 1996：ix-x）

参考文献

Addessi, A. (2009) 'The Musical Dimension of Daily Routine with under-Four Children During Diaper Change, Bedtime and Free-Play', *Early Child Development and Care*, 179 (6): 747–68.

Axline, V. (1964) *Dibs: In Search of Self – Personality Development in Play Therapy*, Harmondsworth: Penguin.

Barron, I (2009) 'Illegitimate Participation? A Group of Young Minority Ethnic Children's Experiences of Early Childhood Education', *Pedagogy, Culture and Society*, 17 (3): 341–54.

Bernhard, J. E. (2004) 'Behaviour and Misbehaviour of Latino Children in a Time of Zero Tolerance: Mothers' Views', *Early Years*, 24 (1): 49–62.

Bernstein, B. (1971) *Class, Codes and Control*, vol. I, London: Paladin.

Bower, T. G. R. (1979) *A Primer of Infant Development*, San Francisco, Calif.: W. H. Freeman & Co. Ltd.

Brazelton, T. A. (1995) *The Neonatal Behavioral Assessment Scale*, Cambridge: Mac Keith Press.

Brooker, L. (2002) *Starting School: Young Children Learning Cultures*, Buckingham and Philadelphia, Pa.: Open University Press.

Brown, R. (1973) *A First Language*, Cambridge: Cambridge University Press.

Bruner, J. S. (1957) 'Going Beyond the Information Given', in J. S. Bruner, E. Brunswik, L. Festinger, F. Heider, K. F. Muenzinger, C. E. Osgood and D. Rapaport, (eds), *Contemporary Approaches to Cognition*, Cambridge, Mass.: Harvard University Press, pp. 41–69. Reprinted in J. S. Bruner (1973) *Beyond the Information Given*, New York: Norton, pp. 218–38.

——(1966a) *The Growth of Mind*, Newton, Mass.: American Psychological Association.

——(1966b) *Towards a Theory of Instruction*, Cambridge, Mass.: Harvard University Press.

——(1983a) *In Search of Mind: Essays in Autobiography*, Cambridge, New York and Philadelphia, Pa.: Harper Colophon.

——(1983b) *Child's Talk: Learning to Use Language*, Oxford: Oxford University Press.

——(1990) *Acts of Meaning*, Cambridge, Mass: Harvard University Press.

——(1996) *The Culture of Education*, Cambridge, Mass.: Harvard University Press.

——(2002) *Making Stories: Law, Literature, Life*, Cambridge, Mass.: Harvard University Press.

——(2004) 'Reggio: A City of Courtesy, Curiosity and Imagination', *Children in Europe*, 6: 27.

Bruner, J. S. and Lucariello, J. (1989) 'Monologues as Narrative Recreation of the World', in K. Nelson (ed.), *Narratives from the Crib*, Cambridge, Mass.: Harvard University Press, pp. 73–97.

Cameron, C. (2007) 'Social Pedagogy and the Children's Workforce', available online at http://www.communitycare.co.uk/articles/2007/08/08/105392/social-pedagogy-and-the-childrens-workforce.html (accessed 19 October 2010).

Cavallini, I. F. (2008) *We Write Shapes That Look Like a Book*, Reggio Emilia: Reggio Children Coriandoli.

Crace, J. (2007) 'Jerome Bruner: The Lesson of the Story', interview in *The Guardian*, 27 March.

Dunn, J. (1988) *The Beginnings of Social Understanding*, Oxford: Blackwell.

Dyson, A. H. (1997) *Writing Superheroes: Contemporary Childhood, Popular Culture and Classroom Literacy*, New York: Teachers College Press.

Ebrahim, Hasina Banu (2008) 'Situated Ethics: Possibilities for Young Children As Research Participants in the South African Context', *Early Child Development and Care*, 1–10.

Emiliani, F. (2002) *Il Bambino Nella Vita Quotidiana (The Child in Everyday Life)*, Rome: Carocci.

Five- and Six-Year Old Children of the Fiastri and Rodari Preschools (2001) *The Future Is a Lovely Day*, Reggio Emilia: Reggio Children.

Francis, H. (1983) 'How Do Children Learn to Say What They Mean?' *Early Childhood Development and Care*, 11: 3–18.

Geertz, C. (1973) *The Interpretation of Cultures: Selected Essays*, New York: Basic Books.

Gillen, J. C. (2007) '"A Day in the Life": Advancing a Methodology for the Cultural Study of Development and Learning in Early Childhood', *Early Child Development and Care*, 177 (2): 207–18.

Gopnik, A. M., Meltzoff, A. N. and Kuhl, P. K. (1999) *The Scientist in the Crib: What Early Learning Tells Us About the Mind*, New York: HarperCollins.

Guadalupe San Miguel, J. (1987) *'Let All of Them Take Heed': Mexican Americans and the Campaign for Educational Equality in Texas*, Austin, Tex.: University of Texas Press.

Inghilleri, M. (2002) 'Britton and Bernstein on Vygotsky: Divergent Views on Mind and Language in the Pedagogic Context', *Pedagogy, Culture and Society*, 10 (3): 467–82.

Karmiloff-Smith, A. (1994) *Baby It's You: A Unique Insight into the First Three Years of the Developing Baby*, London: Random House.

Kenner, C. (2010) 'Learning about Writing through Bilingual Peer Teaching', in S. Smidt (ed.), *Key Issues in Early Years Education*, London and New York: Routledge, pp. 66–72.

Kyriacou, C. I. (2009) 'Social Pedagogy and the Teacher: England and Norway Compared', *Pedagogy, Culture and Society*, 17 (1): 75–87.

Lee, H. (1960) *To Kill a Mockingbird*, London: Pan Books.

Macrory, G. (2007) 'Constructing Language: Evidence from a French–English Bilingual Child', *Early Child Development and Care*, 177 (6 and 7): 781–92.

McDonagh, J. A. and McDonagh, S. (1999) 'Learning to Talk, Talking to Learn', in J. Marsh and E. Hallet (eds), *Desirable Literacies*, London: Paul Chapman, pp. 1–17.

Mattingly, C. L., Lutkehaus, N. C. and Throop, C. J. (2008) 'Bruner's Search for Meaning: A Conversation Between Psychology and Anthropology', *Ethos*, 6 (1): 1–28.

Paley, V. G. (1988) *Bad Guys Don't Have Birthdays: Fantasy Play at Four*, Chicago, Ill.: University of Chicago Press.

——(1999) *The Kindness of Children*, Cambridge, Mass.: Harvard University Press.

Petrie, P. (2005) 'Schools and Support Staff', *Support for Learning*, 20 (4): 176–80.

Pinker, S. (1994) *The Language Instinct*. London: Penguin.

Reggio Tutta (2001) *Reggio Tutta: A guide to the city by the children*, Reggio Emilia: Reggio children.

Rosen, H. (1984) *Stories and Meanings*, Kettering: Nate Papers in Education.

Rosen, M. (2002) *Carrying the Elephant: A Memoir of Love and Loss*, London: Penguin.

Roy, A. (1998) *The God of Small Things*, London: Flamingo.

Rudd, L. D. (2008) 'Does Improving Joint Attention in Low-Quality Child-Care Enhance Language Development?' *Early Child Development and Care*, 178 (3): 315–38.

Saxon, T. F. and Reilly, J. (1998) 'Language Competence and Joint Attention in Mother–Toddler Dyads', *Early Childhood Development and Care*, 142: 33–42.

Smidt, S. (2009) *Introducing Vygotsky: A Guide for Practitioners and Students in Early Years Education*, London and New York: Routledge.

Snow, C. (1977) 'The Development of Conversation between Mothers and Babies', *Journal of Child Language*, 4: 1–22.

Stern, D. H. (1982) 'Interpersonal Communication: The Attunement of Affected States by Means of Intermodal Fluency', paper presented at the International Conference on Infancy Studies, Austin, Texas, March.

Sylva, K. E.-B. (2004) *The Effective Provision of Pre-School Education (EPPE) Project: Findings from Pre-School to End of Key Stage 1*, London: Sure Start.

Tallis, R. (2010) *Michelangelo's Finger: An Exploration of Everyday Transcendence*, London: Atlantic Books.

Tomasello, M. A. and Rakoczy, H. (1992) 'The Social Bases of Language Acquisition', *Social Development*, 1: 67–87.

——(1999) *The Cultural Origins of Human Cognition*, Cambridge, Mass: Harvard University Press.

——(2003) 'What Makes Human Cognition Unique? From Individual to Shared to Collective Intentionality', *Mind and Language*, 18 (2): 121–47.

Wells, G. (1981) *Learning through Interaction: The Study of Language Development*, Cambridge: Cambridge University Press.

Wenger, E. (1998) *Communities of Practice: Learning, Meaning, and Identity*, Cambridge: Cambridge University Press.

Williams, A. (2004) 'Playing School in Mulitethnic London', in S. L. E. Gregory (ed.), *Many Pathways to Literacy*, London and New York: RoutledgeFalmer, pp. 52–65.

术语表

抽象（Abstract）：这意味着想一些除具体的事实、确定的对象、真实的例子之外的东西。

顺应（Accommodation）：这是皮亚杰所使用的术语，意思是一个人原有的图式或者观点由于新的信息和经验得以改变形成新的图式。新的图式也有可能在这一进程中继续向前发展。

适应性反应（Adaptive responses）：这是对环境、社会中的一些事情的反应。

肯定（Affirmative）：这意味着做一些事情作为对另一些事情的补偿。例如，这一行为可以确保妇女、黑人、其他民族的人在获得或者做一些事情的时候得到特别的关注。

放大系统（Amplification systems）：在文化中发展的工具。一些为了加强行为，一些为了增强感觉，一些为了深化思维。

离奇（Anomaly）：一些不太合适、奇怪和陌生的东西。

人类学（Anthropology）：研究人类起源和行为，也包括社会和文化发展的一门科学。

学徒（Apprentices）：从工作领域借鉴过来的习语，用于描述向身边更有经验的其他人学习的人们。

托儿所（*Asili nidi*）：一个用来描述托幼机构的意大利习语，字面的意思是"窝""巢"。

同化（Assimilation）：皮亚杰用来描述吸收新信息的术语。

不对称作用（Asymmetric actions）：皮亚杰用来描述（亲子）二分体中双方不是平等状态的术语，通常其中的成年人是代理人。

注意力追随（Attention Following，AF）：它是照料者追随孩子关注焦点的一种交流方式。

共同关注假设（Attention-mapping hypothesis）：托马塞洛用这个短语来描述孩子和照料者有共同关注焦点的行为。

注意力转移（Attention switching）：它是照料者把孩子关注焦点转移到他们共同关注的东西的一种交流方式。

生理需要（Biological needs）：人类婴儿对食物、水、温暖、住所以及其他一些对生长和发展基本的东西的需要。

缓冲（Buffered）：布鲁纳用这个词语来表示保护。

因果关系（Causation）：对原因和结果间关系的理解。

大脑的发展（Cerebral development）：大脑和思维的成长和发展。

符码（Codes）：伯恩斯坦有关语言由于背景、文化、经验的不同而导致符码不同的说法。

认知（Cognition）：一个术语，描述包含思考、了解、记忆、判断及问题解决等涉及知识获得和理解的大脑进程。这是大脑的高级功能，包含语言、想象、感觉和计划。

认知发展（Cognitive development）：它也被认为是智力的或精神的发展，随着这一过程我们慢慢能够了解。

认知地图（Cognitive map/mental map）：认知地图是指某个环境布局在大脑中的表征。如，当有朋友向你问起去你家的方向时，你能够在脑海中呈现出以你朋友所在处为出发点到你家沿途的马路、拐角、地标等图像，这就是认知地图。

认知科学（Cognitive science）：对大脑和思维的跨学科研究。它包含多个学科领域，有心理学、人造智能、哲学、神经学、语言学、人类学、社会学和生物学等。

交流（Communication）：动物之间或人与人之间的意义分享。

实践共同体（Communities of practice）：在某个领域中有着共同的兴趣和特长的一群人。出于我们的目的，孩子一起学习也许可以被看成是实践共同体。

补偿（Compensatory）：弥补可察觉的亏损。

能力（Competent）：一般的意思是指"能够"。一个有能力的婴儿是指天生有学习能力的婴儿有能力去学习。

条件反射（Conditioned reflex）：一个由第二刺激物（如铃声）和第一刺激物（如看得见的肉）的反复结合引起的反射能力，如狗的唾液分泌反应。

限制的（Constrained）：被什么东西限制或约束。

限制原则（Constraints tenet）：布鲁纳认为的四个可能的原则中的一个。根据布鲁纳的说法，综合来考虑，是指既有来自孩子自身经验的限制也有来自文化强加的限制。

建构主义（Constructivism）：一种学习理论，基本观点为我们是通过反思经验来建构关于生活世界的理解的。我们每个人自己创生用来理解我们经验的"规则"和"心理模式"。因此，学习仅仅是调整我们的心理模式以适应新经验的过程。

建构原则（Constructivist tenet）：另一个原则。这里布鲁纳提醒我们意义不是被发现的而是被建构的或人造的。

背景（Context）：意思是事情发生的场所，但并不仅指地点，而是更广泛地指诸如和谁在一起、在什么境况下、什么设置下等。

核心成员（Core member）：一个被实践共同体中其他人完全接受的人。

文化剥夺（Cultural deprivation）：一种认为某种文化或群体中缺少某些东西的观点。例如，认为除英语以外的其他语言不如英语好。

文化传递（Cultural transmission）：它是一个把一种文化的思想、观点、概念、价值观、信念和原则从一代传向下一代的过程。

文化（Culture）：这是一个可以从很多角度定义的词。这里有一个简单的抛砖引玉的定义。文化可概括为在社会中传播的行为模式、艺术、信仰、机构以及所有的人类所想所做的其他产品的整体。

文化无涉（Culture-free）：虽然很难找到例子但有些东西是不受文化影响的。当然教育和教学法并非文化无涉的。

课程（Curriculum）：这是一个日常的单词，但是它有好几个意思。出于我们的目的我们把它定义为涉及学什么、由谁学、学多久以及依据何种教和学的方式来学习的方案。

深层结构（Deep structure）：这是一个被乔姆斯基用来描述他猜测的使人类有了解语言规则进程的固有能力的术语。

缺陷（Deficit）：错误或忘记的事情。

指示功能（Deixis）：一个技术性的语言学术语，意指某些特定的词意需视语境而定。

指称之物（Denotational）：暗示或被提及的事情。

思维的发展（Development of mind）：我们可以把它定义为人类开始有能力去思考、判断、提出和解决问题、使用语言和其他象征性系统等的过程。

发展日记（Developmental diaries）：通常由父母来进行的关于（孩子）发展的记录。

设计发生器（Deviser）：一些能够创造或发明某些东西的人或物。

对话性的（Dialogic）：学习者扮演积极的角色并参加提问而不是被动地接受和回答问题的一种教学方式。

领域（Domain）：一个感兴趣的领域或事情。

二分体（Dyad）：这是两个人。在我们的文章中被用来描述妈妈或照料者与孩子之间的交流。

自我中心地（Egocentrically）：从他或者她自身的观点出发。

精致符码（Elaborated code）：伯恩斯坦对英国中产阶级话语精致化现象的描述，他的意思是这样精致化的话语无须考虑共享的背景而可以独立使用。

使动（Enactive）：布鲁纳用以描述表征的第一阶段的术语，该阶段的孩子使用动作和感官来表征。

常见的（Endemic）：常见的或普遍的。

天赋（Endowments）：技能或能力。

认识论（Epistemology）：关于知识的本质的研究。

平衡化（Equilibrium）：皮亚杰的一个尚不明确含义的术语。他称之为平衡化，是学习的目的。

外显的（Explicit）：一些显而易见的事物。它和含蓄的意思相反。

民间教育学（Folk pedagogy）：布鲁纳用于讨论普通人或外行对教学

的想法的术语。

正式教育（Formal education）：这是孩子进入法定受教育的阶段，要求学习者有抽象思考的能力，即可以开展逻辑推理，不再需要依赖直接经验。

格式（Formats）：布鲁纳用来描述特别是成人可以通过重复动作和常规来为孩子的学习提供脚手架的一个关键概念。

目标结构（Goal structure）：在所有的交流中是有某种回报或者目的存在的。

目标导向的行为（Goal-directed behaviour）：如够玩具等朝向某个方向的行为。

语法（Grammar）：使语言结合在一起的规则。

硬件（Hard-wired）：这意味着天生的或遗传的。

猿人（Hominids）：猿。

同音词（Homophones）：如herd和heard，by和buy等发音一样的单词。

狩猎采集者部落（Hunter-gatherer groups）：以打猎和采集为生的人群。

图标（Iconic）：布鲁纳描述表征的第二阶段的术语，该阶段是使用表象和图片来进行的。

理想化（Idealised）：是一个理想的人或家庭、父母、孩子的形象。由定义来看，它是指持此种观点的部分人群带有偏见的喜爱。

内隐的（Implicit）：不是特别明显但是会被计算出来或者猜测出来的东西。

带入（Induct）：把某人带入什么当中去。

最初的认知天赋（Initial cognitive endowment）：一个人生来就有的学习能力。

天生的（Innate）：与生俱来的。

意图（Intention）：目的或者目标。对布鲁纳来说幼儿的生活以有意的和有目的的行为为特征。

互动（Interaction）：两个人或多人之间的交流。

互动原则（Interactional tenet）：布鲁纳的另一个信条，它在这里的含义是明确的。学习是社会性的，人们一起学习和通过他人学习。

跨学科（Interdisciplinary）：这是在考虑问题的时候涉及超过一门学科。通过一个学科我们想到其他学习和思考的领域。对于布鲁纳来说所谓的跨学科就是从心理学、人类学、语言学等观点的立场出发。

内在的（Internal）：常见的含义是"在里面"。在这篇文章里通常是指看不见的、在学习者头脑内部进行的活动。

解释学社会学科（Interpretive social sciences）：这是一个很难解释的词组。它指的是喜欢通过观察或采访而非测验和考试来做出解释的这些社会科学。

主体间性（Intersubjectivity）：出于我们的目的，这个词的意思是人们通过彼此交流建构起来的共同含义以及用以解释社会文化生活意义的每日资源。

声调模式（Intonation patterns）：语言的流利使用者发出的声音的特定模式。不同的人、不同的角色、不同的阶层之间都可能存在差异。

共同注意（Joint attention）：人们把注意力放到同一个东西上面去。

共同意图（Joint intention）：人们朝着同样的目标或者目的努力。

易累的（Labile）：容易烦恼的和精疲力竭的。

语言（Language）：一种使用声音或其他可相互识别的符号系统（如书写）来进行交流的方式。

语言习得（Language acquisition）：婴儿开始在广义上获得并使用包含如手势、语调、眼神、语速等所有交流形式的方法。

语言习得装置（Language Acquisition Device, LAD）：这是乔姆斯基用来描述他假设的人类婴儿天生具有的一种心智能力的术语，这种能力使婴儿即使身处有限的、碎片化的语言输入环境也能建构和内化母语的语法规则。

语言习得支持系统（Language Acquisition support system, LASS）：这是被布鲁纳用来强化乔姆斯基的LAD理论和确保有关语言获得的分析是在家庭和其他支持环境中发生的术语。

学习（Learning）：虽然它也适用于信念、价值观、原则、概念、观点等，但它的最基本意思应该是获得知识和技能。

- 前期学习是指学习者已经进行的学习。

合法外围参与（Legitimate peripheral participation）：这是指学习者处于为族群所接纳而非孤立的最初阶段。

逻辑（Logic）：合理的。

逻辑思考（Logical thinking）：意识到它是有逻辑的和一致的。

语言（Linguistic）：和语言有关。

- 尽管这个术语有争议，但是前语言是在指语言获得之前的阶段。

理解（Meaning）：懂得或者理解，让含义能够被理解。

方法目的准备（Means-end readiness）：被布鲁纳特别使用的一种解释，即为了特定的目的采取行动可能性的潜能。

生物学的（Mechanistic）：倾向于用生理的或生物的原因去解释现象。

- 语言学习的生物学视角通常更喜欢用生物学而非文化和互动来解释语言学习。

中介（Mediation）：这个单词有时候意味着朝向某个目标的过程，但是在维果茨基和布鲁纳使用它的场景中，它是指一个更加有经验的学习者帮助另一个学习者的过程。

注意（Mind）：负责想法和感觉，理性之所在。

控制杆（Moderator）：一些限制或者减轻其他事物的东西。

叙事（Narrative）：是讲故事的另一个表达，对布鲁纳来说是我们理解我们经验的重要方式。

本土主义（Nativism）：一个在美国更经常使用的单词，指一种重视本地族群的需求高于其他族群的趋势。

专营的（Niche）：这来自法语当中的单词"窝"，它是对一个人或一个说法有特殊意义的地点或场所。

非摄入性吮吸（Non-nutritive sucking）：不是为获得食物或其他营养而进行的吮吸。

新词汇（Novel utterance）：乔姆斯基描述年轻人所说的永远不会从那种语言的本土使用者那里听到的话语。Novel 在这里的意思是指新的。

对象物强调（Object highlighting）：这是一个被布鲁纳用来解释当照料者吸引孩子注意特定事物时怎么做的短语。

对象物操作格式（Object play formats）：布鲁纳用来解释关于事物名称学习的常规的一个短语。

有序的（Ordered）：意味着有系统性。

典范的（Paradigmatic）：可以成为榜样的东西。

教育学（Pedagogy）：教学的艺术或科学。

外围成员（Peripheral member）：某个不能被团队完全接受的成员。

视角原则（Perspective tenet）：布鲁纳的原则之一，这一原则强调学习者如何理解他人的观点和想法。

占位符（Place holder）：这是布鲁纳用来描述单词如何代替事物的一个短语——这使得孩子能够使用符号象征事物。

游戏（Play）：有许多不同的定义。对我们而言，游戏是当孩子们发现了他们感兴趣的事物后，用各种方法去表达他们的观点、想法和情感时所做的事情。游戏的本质是自主选择的，并且是带有目的的。

政治的（Political）：定义多种多样。在本书中布鲁纳把它描述成在政治生活中经常考虑权力和力量等问题的人。

积极的社会反应（Positive social response）：例如微笑或者善意的评论，诸如此类的让接受它的人感到愉悦的回应。

实践（Practice）：一个人的所作所为。

使倾向于做（Predispose）：准备好做某事或实现某事。

预定的目标（Predetermined goals）：活动之前预设的目标或结果，并强加给学习者。预设目标对年幼孩子而言常被视为是不适宜的，因为这些孩子在寻求意义的过程中会设定自己的目标。

主角、主演（Protagonist）：戏剧中的主演。

原始叙事（Protonarrative）：最初或最早的故事。

心理语言学（Psycholinguistic）：研究使人类获得和产生语言的心理和神经生物学因素。你将会意识到这门学科是不关注社会、文化或与背景有关的因素的。

心理学（Psychology）：字典上解释心理学是对思维和个体发展的研究。

互惠尊重（Reciprocal respect）：布鲁纳用这个词来形容瑞吉欧·埃米利亚的文化精神。这意味着孩子会从被尊重中学会尊重，教育者会从被尊重中学会尊重，父母和教养者会从被尊重中学会尊重。

指代或命名（Reference or naming）：它的字面意思是把注意力吸引到某些东西上，并且这有助于我们始终意识到命名是涉及交互作用和共同关注的。

指代系（Reference system）：一个组织和分类的系统——对孩子的发展是一个重要的认知工具。

指代的（Referential）：指代某物的方式——单词、手势、表情等。

本能的反射动作（Reflexes）：这是对刺激物非主动的、瞬间发生的反应。

强化物（Reinforcer）：可以确保另一些事情将会再一次发生的事物。

加强、强化（Reinforcement）：确保某些事情可以重复。

仓库、贮藏室（Repository）：一个储物的地方。

要求、请求（Request）：布鲁纳用来提问或者寻求帮助和支持的术语。

行动请求（Request for action）：孩子会被要求做一些事情的地方。

信息请求（Request for information）：孩子们会被问为什么她或他会做某些事情的地方。

限制符码（Restricted code）：伯恩斯坦用来描述共享引用或语境的语言的符码。

常规化（Routinised）：通过重复使某些事情变得寻常。

规则约束（Rule-bound）：通过规则把一些事情联系起来。对于布鲁纳来说，这适用于语言等交流系统。

刻痕（Scarification）：把留下伤痕作为成人仪式的一部分。

支架、鹰架（Scaffolding）：这是被布鲁纳用来说明成人做些什么去给孩子提供帮助、一步接一步、从不独立到独立的单词。

图式（Schemas）：皮亚杰用来解释经常被观察到的重复的模式、行为的术语。

自发的（Self-initiated）：更经常指的是自我挑选和自我选择，它也有开始某个行为和进程的意思。

感觉加工/历程（Sensory processing）：这被定义为神经系统用来接收、组织和理解感觉输入的方法。

共同的集体意向性（Shared collective intentionality）：这是孩子吸收他或她的文化和集体的特征——如价值观和信念的起始点。

社会惯例（Social rituals）：是指社会群体的风俗习惯特征也可以指规则一类的东西，如认定什么行为是适宜的等。

社会教育工作者（Social pedagogues）：被雇用为用于促进孩子学习和发展的具体任务的人员。

螺旋式课程（Spiral curriculum）：布鲁纳最著名的理论之一，他坚称只要教学的方式和支持适合当时孩子的能力，那么一切事物都可以被教给一切年龄的孩子。

支持性行为（Supportive action）：这是帮助的含义。孩子要求成人帮助。

表层结构（Surface structure）：一个被乔姆斯基用来解释像单词一样具有明显特征的语言。

象征性的（Symbolic）：布鲁纳表征系统的第三发展阶段，在这一阶段学习者可以使用像符号一样的抽象系统。

符号、象征物（Symboliser）：可以用来替代其他事物的物体。

语法、句法（Syntactic）：这与语法或将一门语言结合在一起的规则有关。

系统的（Systematic）：以顺序和计划为特征的东西。

系统性（Systematicity）：这是布鲁纳提出的，指的是系统化的趋势，尤其适用于语言。

深描（Thick description）：格尔茨通过多人而非个人的理解来形成一个表象的单词。

交互性（Transactionality）：很难被定义的单词，它指的是双方的交换和欣赏。我认为它的意思是交流。

移位的（Translocational）：某人或者某物以某种方式移动。它被布鲁纳用来指孩子的寻求帮助。

普遍语法（Universal grammar）：一种语言学理论，它阐述了语法规则为所有语言所共有，是人类所固有的，并且这个理论也试图解释语言习得在儿童发展中的作用。

语序（Word order）：在一种特定的语言中规定句子怎么构成的规则。

最近发展区（Zone of proximal development）：维果茨基估计了在孩子没有帮助和有帮助两种情况下，能够做到什么之间的差距。这个理论上的差距可能通过获得支架的学习得以消除。

译者后记

作为一名教育工作者,布鲁纳最初给译者的印象就是那句"任何学科都能以某种形式教给任何年龄的任何儿童"。自从听到这句非常令人心动的教育宣言后,译者心里便一直怀着好奇,究竟是怎样的一位学者、思想家能说出这样的豪言壮语?所以,当南京师范大学出版社委托刘晓东教授组织本套丛书的翻译工作时,译者毫不犹豫地选择了《布鲁纳导论》。

正如本书作者在后记中所言:"布鲁纳的影响已不啻他自己所选择的专业领域——心理学,在其他专业领域也有广泛影响。"在本书的翻译过程中,译者关于布鲁纳的认知边界不断被拓展。在他漫漫100年的生命历程中,他以一种非常"警觉"的姿态不断审视各种理论,并在此基础上提出他独到的见解。他擅长将各种理论融会贯通并用以讨论教育实践,他真实地"影响了几代儿童接受什么样的教育"。他对于早期儿童发展的长期的探究兴趣以及在早期教育领域中的真知灼见常常给从事学前教育领域相关工作的译者带来惊喜和启示。"儿童是有能力的、有好奇心的、有假设能力的，是需要社交和互动的生物，他们渴望交流、渴望学习。"这样的儿童观正是在当前中国的学前教育领域所倡导的，也是要向全社会倡导的。我们耳熟能详的"支架教学"在他这里有更深入的阐述："有关怎么支架以及什么是好的教学的真实画面，非常重要。这里需要照料者和孩子对某事物的共同关注，孩子在照料者的支持下一步步向前，照料者在他们的头脑中有着关于孩子能力的判断，他们从给孩子一些自我控制开始并据此调整他们的期望。"而对于课程的理解——"课程要远远大于学科知识。布鲁纳认为从文化学的视角看，学校的主要科目就是学校本身。他认为学生的经验是学校或机构中正在发生的一切，这取决于学生对这一切怎么理解。"又何尝不是"一日生活皆课程"的绝佳注解。

本书作者以平实的语言，娓娓道来的讲述风格，带我们领略了布鲁纳极其丰富的人生阅历和智慧，为我们梳理了布鲁纳和多位非常有影响力的心理学家、语言学家、教育思想家、人类学家的思想渊源。更为重要的是作者以鲜活、丰富的案例帮助我们理解布鲁纳的某些艰涩的理论。每章结尾处"对实践的启示"部分，更是努力将布鲁纳的理论落地，为一线工作者架起一座从理论直达实践的桥梁。作者的写作确实达到了深入浅出的境界，令人心怀敬意。

本书的翻译、校对工作由张永英主要负责，雷笛翻译了第六章初稿，马青原翻译了第七章初稿，杨颖慧、刘亚诚、杨一帆同学参与了校对工作，在此一并表示感谢。也感谢南京师范大学出版社於迪编辑耐心、细致、周到的工作。由于译者水平有限，译文尚有不完善之处，恳请读者批评指正！

本书的出版得到南京师范大学出版社的大力支持。译者在此深表感谢！

是为译者后记。

张永英

2020年3月于南京